LA VALEUR INDUCTIVE
DE LA RELATIVITÉ

BIBLIOTHÈQUE DES TEXTES PHILOSOPHIQUES

Fondateur H. GOUHIER   Directeur J.-F. COURTINE

Gaston BACHELARD

LA VALEUR INDUCTIVE
DE LA RELATIVITÉ

Préface par
Daniel PARROCHIA

PARIS
LIBRAIRIE PHILOSOPHIQUE J. VRIN
6, Place de la Sorbonne, V ͤ
2014

© *Librairie Philosophique J. VRIN*, 1929, 2014
Imprimé en France

ISSN 0249-7972
ISBN 978-2-7116-2557-4

www.vrin.fr

PRÉFACE

« ... *lorsque l'auteur d'un texte est mort, va-t-on respecter jusqu'à la lettre ses ultimes volontés? (...) La propriété littéraire (ou artistique), telle que nous la comprenons, ne peut pas être conçue en dehors de ceux qui la diffusent et tiennent à l'étudier sous tous ses angles. Ne soutenons pas ici (non plus qu'ailleurs) une sorte de "thésaurisation" (l'immuabilité, la substantialité)* »[1].

Par une heureuse initiative des Éditions Vrin, *La Valeur Inductive de La Relativité*, ouvrage publié par Gaston Bachelard (1884-1962) en 1929, reparaît aujourd'hui. Cette courageuse réédition transgresse plusieurs interdits : ni Gaston Bachelard lui-même, ni sa fille Suzanne, ni même Georges

---

1. F. Dagognet, *Une nouvelle morale*, Synthélabo, Le Plessis-Robinson, 1998, p. 167.

Canguilhem[1], n'avaient souhaité que le livre fût réédité. Pourquoi une telle opposition? Parmi les raisons qu'on peut invoquer – au-delà du fait (sur lequel nous reviendrons) que la philosophie de Bachelard a changé – figurent encore les *obstacles* que le lecteur devra surmonter pour pénétrer vraiment au cœur de l'ouvrage et en saisir l'extraordinaire nouveauté :

1) Quelques mots d'abord sur le qualificatif d'«inductive», qui peut prêter à confusion : pour la plupart des épistémologues, toute théorie physique, bien sûr, est déductive, en tout cas dans sa présentation, et Bachelard ne pense pas différemment. Il a, comme la plupart des théoriciens, une conception qu'on dirait aujourd'hui, après Hempel, «nomologique-déductive» des théories physiques. Mais la question que pose le philosophe dans cet ouvrage n'est pas celle de la *présentation* de la théorie achevée, mais celle de la *constitution* de la théorie, autrement dit de la théorie *in fieri*, de son développement et de ses extensions successives. Aussi bien le mot «inductif» ne désignait-il, pour lui, que les possibilités amplificatrices de la théorie de la relativité, son aptitude à être étendue ou «généralisée» : «L'induction, écrit d'ailleurs Bachelard (p. 52) (…), c'est l'invention qui passe au rang de méthode »[2]. On notera qu'en 1914, Einstein ne l'aurait pas démenti. Le physicien avait notamment défendu, sous le nom de «physique inductive», cette extension de la relativité restreinte à la relativité générale. Comme il le soutient dans le

1. Sur l'exemplaire en possession de l'éditeur, alors qu'Étienne Gilson avait porté de sa main «ne pas laisser s'épuiser», Canguilhem avait écrit : «laisser tomber».

2. La pagination à laquelle nous renvoyons dans cette préface est celle de la première édition de l'ouvrage.

Discours de réception à l'Académie de Prusse en 1914, la méthode du théoricien présente deux aspects complémentaires : rechercher les principes et en développer les conséquences. Le second aspect (la déduction) était à ses yeux d'ordre purement scolaire et, en ce sens, sans problème majeur. « Mais la première partie, c'est-à-dire l'établissement des principes qui doivent servir de base à la déduction – ainsi qu'il l'écrit très clairement – est d'un caractère tout différent. Ici il n'y a plus de méthode systématique applicable qui puisse s'apprendre et qui soit susceptible de conduire au but. Le chercheur doit plutôt, en écoutant les secrets de la nature, découvrir ces principes généraux en tâchant de formuler nettement les traits généraux qui relient les plus complexes des faits d'expérience »[1]. La conclusion dit encore : « Nous avons établi que la physique *inductive* pose des questions à la physique déductive et réciproquement et que la réponse à ces questions exige la tension de tous les efforts : puisse-t-on bientôt réussir, grâce à la collaboration, à obtenir des progrès définitifs ». Même des textes plus tardifs corroboreraient, s'il en était besoin, ces remarques. Par exemple, dans la célèbre conférence « Géométrie et Expérience », qui date de 1921, Einstein considérait, à côté de la géométrie « axiomatique », physique amputée qui ne peut formuler aucun énoncé sur le comportement des objets réels, une géométrie « complétée », « dérivée de l'expérience »

---

1. A. Einstein, « Discours de réception à l'Académie des Sciences de Prusse en 1914 », dans *Comment je vois le monde,* trad. fr. G. Cros, Paris, 1934, p. 156-161. M. Paty croit voir dans ce texte une conception "anti-inductiviste". *Cf.* M. Paty, « Sur la décidabilité de la géométrie de l'espace physique : Einstein et le point de vue de Riemann », Exposé au *Séminaire Histoires de géométrie*, Maison des Sciences de l'Homme, Paris, 1er avril 2008. À aucun moment, Einstein ne dit qu'il est anti-inductiviste. Au contraire, il justifie que la physique inductive pose des questions à la physique déductive et vice-versa.

et dont les énoncés reposaient essentiellement sur une
« induction » (au sens causal) à partir de celle-ci. Or la théorie
de la relativité n'était pour lui que le prolongement de cette
« géométrie pratique », « branche la plus ancienne de la physique », mais dont l'exigence de correspondance avec le réel
justifiait que la géométrie euclidienne fût abandonnée : ainsi le
passage aux équations générales covariantes de théorie de la
relativité générale, s'inscrivait-il dans le droit fil de cette
conception[1]. Bachelard était donc parfaitement fondé – en
1929 en tout cas – à interpréter la théorie de la relativité comme
il l'a fait : simplement, là où Einstein ne voyait pas une méthode mais de simples tâtonnements, Bachelard, lui, se faisait
fort de dégager les règles d'une nouvelle épistémologie.
Bien entendu, dans des textes ultérieurs, Einstein, théoricien
désormais reconnu, affirma son hostilité à la notion d'induction interprétée *stricto sensu*, c'est-à-dire comme méthode
d'inférence logique en physique : « Il n'y a pas de méthode
inductive qui puisse conduire aux concepts fondamentaux de
la physique »[2]; ou encore : « les notions présentes dans notre
pensée et dans nos expressions du langage sont toutes – au
point de vue logique – des créations libres de la pensée et ne
peuvent pas être obtenues des expériences sensibles par la voie
inductive »[3]. Mais Bachelard, qui n'a jamais été tenté de
suivre, ni Stuart Mill, ni Carnap, aurait aisément souscrit à un

1. A. Einstein, « La géométrie et l'expérience », dans *Réflexions sur
l'électrodynamique, l'éther et la relativité*, trad. fr. M. Solovine et
M.-A. Tonnelat, Paris, Gauthier-Villars, 1972, p. 78-79.
2. A. Einstein, « La Physique et la Réalité » (1936), dans *Conceptions
scientifiques*, coll. « Champs », Paris, Flammarion, 1990, p. 48.
3. A. Einstein, « Bertrand Russell et la philosophie » (1946), dans
Comment je vois le monde, trad. fr. M. Solovine, Paris, Flammarion, 1958,
p. 47.

tel point de vue. L'induction n'est pas pour lui, répétons-le, une *méthode d'inférence scientifique*. Ce n'est que la *quali-fication d'une pensée généralisante et coordinatrice*, c'est-à-dire une méthode d'extension des théories scientifiques, éminemment réalisée dans la théorie de la relativité d'Einstein[1].

2) Autre problème majeur de lecture : le titre de l'introduction du livre – «La nouveauté des doctrines relativistes» – peut également surprendre. Pourquoi parler de «doctrine»? Pourquoi au pluriel? Bachelard qui est l'un des rares philosophes à pouvoir lire de près, à cette époque, des publications scientifiques de haut niveau, sait pourtant parfaitement distinguer une «doctrine» philosophique et une «théorie» scientifique. Le mot «théorie relativiste» se retrouvera d'ailleurs un peu plus loin dans son texte. Comment expliquer un tel laxisme de vocabulaire? Il nous semble qu'il faut, là encore, resituer le texte dans son contexte : d'abord, on doit se souvenir qu'on est encore, en 1929, en pleine bataille relativiste – partisans et adversaires d'Einstein continuant de s'affronter sur des points tout autant philosophiques que physiques, contribuant ainsi à mêler les deux aspects de la théorie; d'autre part, c'est bien de la *philosophie* sous-jacente à la théorie d'Einstein – ou, en tout cas, des considérations épistémologiques qu'on peut extraire d'elle, qu'il va être question tout au long du livre. En ce sens, le mot «doctrine» n'est pas complètement usurpé. Qui plus est, les extensions de la théorie de la relativité, notamment chez de Sitter, Weyl ou surtout Eddington, vont faire apparaître des *points de vue* différents : non pas *une*, par conséquent, mais *des* doctrines suffisamment diverses pour être

---

1. On peut naturellement déplorer que Bachelard ait choisi le mot «induction» pour désigner un tel mouvement. La volonté de s'opposer à Meyerson en est probablement responsable.

distinguées. Voilà donc qui rend compte du pluriel du mot
« doctrine ».

3) Troisième pierre d'achoppement néanmoins : lorsqu'il
s'agira de la conception même d'Einstein, il arrivera à
Bachelard d'employer, au moins une fois, l'expression – en
apparence aussi désuète qu'inappropriée – de « système de
M. Einstein ». Or même s'il y a bien effectivement une composante philosophique dans la pensée d'Einstein – théoricien
déterministe, influencé par Spinoza et Schopenhauer –, il est
non moins évident que celui-ci n'a pas voulu construire
un « système » au sens de Descartes, Spinoza ou Hegel. Le
mot paraît donc maladroit. Notons cependant que ce mot
« système » désignait avant tout, au XVIIe siècle, des théories
physiques. C'est en ce sens que l'emploie Galilée à propos
de Copernic et Ptolémée. C'est en ce sens aussi qu'on
parle encore au XVIIIe siècle du « système de Newton ». Sans
commettre à proprement parler d'anachronisme, Bachelard
aurait donc simplement le tort d'utiliser un langage un peu
ancien.

Il n'empêche : une innovation sémantique douteuse
(induction), une ambiguïté regrettable (doctrine), un vocabulaire vieillissant (système) : il n'en faut parfois pas plus,
pour qu'on referme un livre à peine commencé, et qu'on
enterre un auteur avant même de l'avoir lu. Non content de
ce flou initial, Bachelard aggravait d'ailleurs son cas car,
dès les premières pages du livre, il semblait accumuler les
provocations, affirmant successivement 1) que la « doctrine »
d'Einstein ne pouvait être expliquée par des antécédents

historiques[1] ; 2) Que la Relativité était née d'une expérience manquée (celle de Michelson)[2]; 3) Que l'élargissement de la pensée qui aboutissait à cette totalisation méthodique qu'était la théorie de la relativité suivait un chemin quasiment obligé, obéissant à une force inductive appuyée sur des raisons à la fois expérimentales et mathématiques[3]. La majoration de la rupture, l'interprétation discutable de la naissance de la théorie, enfin, la reconstitution fictive de sa genèse aurait pu encore contribuer à déclasser l'ouvrage mais, pour couronner le tout, on doit en outre reconnaître que celui-ci est particulièrement touffu, non seulement parce que Bachelard ne se donne pas la peine d'exposer la théorie de la relativité avant de la commenter, la présupposant plus ou moins connue – ce qui, en 1929, n'était certainement pas le cas chez les philosophes – mais, de plus, il incorpore dans l'ouvrage, foisonnant d'idées, de nombreux thèmes annexes (relevant aussi bien

1. Ceci conduit évidemment à se demander, surtout aujourd'hui où on est allé jusqu'à contester la paternité de la théorie à Einstein, ce que Bachelard faisait de Lorentz, de Poincaré et de bien d'autres auteurs, soigneusement répertoriés dans M.-A. Tonnelat, *Histoire du principe de relativité*, Paris, Flammarion, 1971.

2. M. Paty, qui ne retient d'ailleurs que cela de Bachelard, constate que c'est surtout là l'interprétation des philosophes. *Cf.* M. Paty, *Einstein philosophe*, Paris, P.U.F., 1993, p. 111. Or s'il est vrai qu'Einstein a coutume, notamment dans ses exposés de vulgarisation, de présenter parfois les choses ainsi, il est clair que diverses autres expériences comme l'expérience de Fizeau ont été importantes, non moins que la nécessité d'une théorie correcte de l'électromagnétisme.

3. Mais l'on sait que le passage de la Relativité restreinte à la Relativité générale a été semé d'embûches et qu'Einstein, en 1913, a été tout près de renoncer à l'idée que les lois physiques étaient des lois covariantes. *Cf.* J. Earman and C. Glymour, « Lost in the tensors : Einstein's struggles with covariance principles 1912–1916 », *Studies In History and Philosophy of Science* Part A, 9 (4), 1978, p. 251-278.

des mathématiques, de la mécanique quantique, de la métho-
dologie de l'épistémologie, etc.) qui ne seront développés et ne
trouveront même toute leur clarté d'expression que dans des
ouvrages ultérieurs.

Malgré tout, et quels que soient les reproches qu'on puisse
adresser à Bachelard, son livre vaut beaucoup mieux que ce qui
apparaît de prime abord au lecteur. Pour répondre au moins à
quelques unes des objections précédentes, nous pouvons
commencer par faire les observations suivantes : d'abord, le
point de vue de Bachelard dans ce livre n'est pas historique;
l'auteur ne nie pas, au surplus, que l'épistémologue ne puisse
revivre le processus de création d'une théorie scientifique que
de l'extérieur, et que le « dynamisme de la découverte », dont
on peut par ailleurs être curieux [1], soit encore à comprendre et à
expliciter – peut-être en premier lieu par les acteurs eux-
mêmes. Simplement, ce n'est pas là son projet. Sa méthode,
qui n'est révélée qu'à la fin du livre et qui ne sera vraiment
clairement exposée que dans *Le Rationalisme Appliqué*,
consiste à reconstituer la trajectoire d'une pensée, débarrassée
des scories et des aléas de son histoire. Pour une théorie comme
pour chaque notion qu'elle contient, il convient en effet surtout
d'établir son *passé théorique* (p. 241). En ce sens, la mention
de l'expérience de Michelson comme source de la théorie ne
doit pas faire écran : d'abord c'est ainsi qu'Einstein a souvent
présenté les choses dans ses textes de vulgarisation; ensuite,

---

1. Bachelard, observant que nous comprenons le plan d'une construction
quand nous y avons enfin accédé, note que, pour autant, la nécessité de
construire reste toujours inexpliquée. L'impulsion première, la multiplication
des schémas intermédiaires, les suggestions possibles du réel, sont « autant de
questions que le philosophe devrait sans cesse poser au physicien et au
mathématicien » (p. 9).

Bachelard prouve ailleurs dans son livre qu'il connaît l'enjeu réel de l'introduction de la transformation de Lorentz : l'impossibilité pour les équations du champ électromagnétique de satisfaire la transformation de Galilée. Il connaît même cela, en 1929, mieux que quiconque parmi les philosophes. Quant à l'aspect complexe du livre, il faut y voir non seulement un effet du thème, mais aussi le fait que l'ouvrage est véritablement le « noyau » de cette épistémologie nouvelle que Bachelard va développer dans les vingt années suivantes, et plus encore de la philosophie qu'il construira autour, y compris dans ses parties en apparence les plus éloignées de l'épistémologie, mais qui, cependant, conservent un lien avec elle[1].

Compte tenu de ce qui vient d'être dit, on comprendra mieux, désormais, le plan du livre. Celui-ci commence par révéler d'abord le remarquable mouvement de généralisation qui caractérise la théorie de la relativité, notamment en

---

1. Scinder l'œuvre en deux, de ce point de vue, est évidemment une erreur. L'idée d'un « groupe de transformations » analogue aux « groupes de Lie » se rencontrera, par exemple, dans le *Lautréamont*. Et combien d'autres métaphores bachelardiennes – de la notion de « différentielle » à celle d'« Analysis situs » – se retrouveront jusque dans les *Poétiques* ? C'est que, pour Bachelard, les modèles mathématiques sont inspirants, et peuvent partout aider à structurer, coordonner et unifier des informations. En opposition aux interprétations phénoménologiques et aux ressassements indéfiniment stériles des œuvres sur l'imaginaire, F. Dagognet n'a pas manqué de le souligner : la « topopoétique » bachelardienne est une « science des transformations » qui vise à préciser les « théorèmes » d'un imaginaire « projectif ». Elle scrute des « homéomorphismes » et tente d'énoncer les règles ou théorèmes de ces métamorphoses. « Cette physique onirique, conclut-il, relève moins du surréalisme que de la topologie ». Voir F. Dagognet, *Philosophie de l'image*, Paris, Vrin, 1984, p. 46. Mais derrière les transformations projectives (groupe projectif) ou les déformations topologiques (groupe d'homéomorphismes), il y a toujours la théorie des groupes, dont Bachelard voit bien que la puissance s'étend au-delà de la physique.

pénétrant au cœur de l'« induction mathématique » qui l'a guidée, à savoir le calcul tensoriel; puis, à partir de là, il s'agira d'analyser l'extension et la profondeur de la théorie d'Einstein en étudiant tout ce qui confère unité, continuité, coordination et nécessité à la pensée relativiste. Enfin, Bachelard dégagera quelques conséquences philosophiques de la théorie, notamment concernant la notion de réalité, qui ne sera plus placée à la base de la science, comme chez Meyerson, mais au sommet – un sommet toujours momentané et provisoire – d'un mouvement de pensée qui ne s'interrompt jamais.

Les obstacles préalables ayant été chassés, nous pouvons maintenant entrer plus sereinement dans la première partie de l'ouvrage. Des trois chapitres qui la composent, c'est le deuxième, sur le calcul tensoriel, qui constitue le moment central. C'est que, une fois prouvé que l'affinement des approximations newtoniennes – et notamment le gain d'un facteur 10^{-4} dans la précision des expériences[1] –, amène nécessairement une autre géométrie que l'euclidienne et une autre physique que la newtonienne, renvoyant dans l'ancien monde les détracteurs qui, tel Bouasse, ne comprennent pas ce qui est en train de se passer, Bachelard attaque le noyau dur de la

---

1. Le fait de commencer par là peut aussi surprendre, puisque Bachelard, par la suite, va montrer comment, en théorie de la relativité, le rôle de l'expérience est réduit. Cependant, une théorie, même abstraite, comme la théorie de la relativité, a un rapport à un réel expérimental et naît justement d'un désir d'ajuster les calculs à l'expérience. Le problème du décalage entre les prédictions de la mécanique newtonienne et la position du périhélie de Mercure constituait une anomalie suffisante pour exiger cet ajustement. Mais ce que Bachelard montre est que l'ajustement obtenu ne peut découler que d'une mathématique entièrement nouvelle.

théorie de la relativité générale : « l'induction formelle »[1]
opérée ici par le calcul tensoriel, mais dont il croit déjà per-
cevoir des réalisations plus simples chez des auteurs comme
Desargues ou Chasles. Il lui restera alors, dans un troisième
chapitre, à montrer comment la Relativité, par une sorte d'induction poursuivie, se généralise encore au-delà d'elle-même,
chez Weyl ou Eddington.

Bornons-nous ici à aider le lecteur philosophe, dont la
culture et le métier ne l'invitent guère, habituellement, à dériver ou contracter des tenseurs, à lire le chapitre 2, où Bachelard, plus suggestif que pédagogue, a omis de préciser nombre
de notions de base, ce qui rend son texte, par ailleurs inté-
ressant, plutôt sibyllin pour le profane.

Rappelons d'abord que la géométrie du début du XXe siècle
connaît trois types d'êtres mathématiques : des *scalaires*
(nombres), des *vecteurs* (données d'un nombre et d'une
direction), enfin des *tenseurs* (données d'un nombre et de deux
directions pour les tenseurs de rang 2, d'un nombre et de n
directions pour un tenseur de rang n). La notion de « tenseur »,
introduite par Voigt dans le cadre de la mécanique des milieux
continus (théorie de l'élasticité)[2], mais développée par Ricci et

---

1. Comme l'a montré J.-C. Pariente, l'idée que les mathématiques
possèdent une valeur inductive est déjà présente en filigrane dans la thèse
complémentaire de Bachelard. *Cf.* G. Bachelard, *Étude sur l'évolution d'un
problème de physique, la propagation dans les solides* (1928), Paris Vrin, 1972,
p. 242. Et là-dessus, J.-C. Pariente, « Rationalisme et ontologie chez Gaston
Bachelard », dans M. Bitbol, J. Gayon, *L'épistémologie française (1830-1970)*,
Paris, P.U.F., 2006, p. 258.
2. Les notions fondamentales sous-jacentes au calcul tensoriel ont été
développées dans les années 1880-1890 par G. Ricci-Curbastro (1853-1925),
sur la base de travaux de Riemann, Christoffel, Bianchi et d'autres. La publication la plus importante de Ricci est l'article qu'il écrit en Français avec son
ancien étudiant T. Levi CIvita (1873-1941) et intitulé : « Méthodes de calcul

Levi-Civita à la fin du XIXe siècle, est l'opérateur même de la généralisation que Bachelard veut mettre en exergue pour son propos. Expliquer pourquoi nécessite un petit détour théorique que nous allons tenter de réduire autant que possible.

On dira qu'un vecteur U (donnée d'un nombre et d'une direction) peut être défini, soit par ses « composantes contravariantes » U^μ, c'est-à-dire sa projection orthogonale sur ses vecteurs de base, telles que $U = U^\mu \mathbf{e}_\mu$, soit par ses « composantes covariantes » $U_\mu = U \cdot \mathbf{e}_\mu$[1], composantes correspondant à ses *n* produits scalaires avec ses vecteurs de base. Diverses opérations peuvent être menées sur les vecteurs : addition, produit scalaire (composante par composante), multiplication par un autre vecteur, multiplication par un nombre. Par exemple, si nous multiplions le vecteur U par un certain nombre réel *r* nous allons changer sa grandeur, mais non pas sa direction. Si nous multiplions maintenant l'un par l'autre deux vecteurs U et V d'un espace à 3 dimensions, ce qui se fait selon une règle que nous laissons ici de côté, le produit $U \times V = S$ donnera un vecteur perpendiculaire au plan

---

différentiel absolu et leurs applications », *Mathematische Annalen*, 54 (1901), p. 125-201. Toutefois, le terme de « tenseur » n'y apparaît pas, les auteurs parlant plutôt de « systèmes ». La notion même de « tenseur » est due au physicien de Göttingen Woldemar Voigt (1850-1919) qui l'utilisa pour la première fois dans son ouvrage : *Die fundamentalen physikalischen Eigenschaften der Krystalle in elementarer Darstellung*, Leipzig, 1898. Cela dit, il semble que ce soit, comme le suggère Bachelard, le mathématicien français Adhémar Barré de Saint Venant, polytechnicien qui, dans le cadre d'une étude des milieux continus et pour des déformations infinitésimales de ceux-ci, ait établi les relations à vérifier par ces déformations, exprimées sous forme tensorielle, pour qu'elles soient compatibles avec la continuité du milieu.

1. On applique ici la « convention d'Einstein » qui, pour alléger l'écriture, permet de sous-entendre une sommation (normalement indiquée par le signe Σ) sur tout indice répété en position supérieure et inférieure.

contenant U et V. En ce cas, on aura bien changé à la fois la grandeur et la direction, mais cette dernière de manière très limitée, car elle aura seulement varié d'un angle droit. Si nous voulons cependant changer la grandeur et la direction d'un vecteur de manière tout à fait générale, il nous faut en fait introduire un être mathématique nouveau, qu'on appelle un « tenseur ». et qui se comporte comme un produit de vecteurs. Le nombre de vecteurs du produit correspond au « rang » du tenseur. Ainsi, en physique, un tenseur de rang 2 est nécessaire pour représenter les tensions mécaniques dans un objet matériel, ou encore les tensions – électrique ou magnétique – dans un champ électromagnétique. Comme il faut trois composantes pour définir la direction d'un vecteur dans un espace à 3 dimensions, un tenseur de rang 2 (auquel sont associées deux directions ou deux vecteurs) est, dans un tel espace, une matrice à $3 \times 3 = 9$ composantes. Dans un espace à 4 dimensions il faudrait une matrice à 16 composantes et si l'on multipliait deux telles matrices, on obtiendrait, ce qui arrive dans certain cas en relativité générale, une matrice à 256 composantes. Toutefois, si certaines de ces composantes sont nulles, un tenseur peut très bien se simplifier et voir ainsi considérablement réduit le nombre de ses composantes. À la limite, un tenseur de rang 2 peut parfaitement se réduire à un vecteur, qui est un tenseur de rang 1. De même, si certaines composantes d'un vecteur sont nulles, le vecteur se réduira lui-même à un scalaire ou tenseur de rang 0 (encore nommé « invariant »). La notion de tenseur opère donc une généralisation considérable de la notion de vecteur, qui est elle-même une généralisation de la notion de scalaire. Plusieurs opérations peuvent être alors effectuées sur les tenseurs : combinaison linéaire, produit direct, contraction et différentiation. Considérons ces deux dernières opérations, qu'on rencontre couramment en théorie de la relativité. La contraction d'un tenseur est l'opération qui consiste à abaisser de deux unités le rang du tenseur. Elle se fait en sommant sur un indice qui apparaît une fois en position supérieure (indice contra-variant), et une fois en position inférieure (indice covariant). Par exemple, en relativité, le tenseur de Ricci $R_{\alpha\beta}$ s'obtient à partir du tenseur de courbure $R^{\delta}{}_{\alpha\beta\gamma}$ en identifiant ce dernier à $R^{\gamma}{}_{\alpha\beta\gamma}$, ce qui permet la contraction sur l'indice γ. La courbure scalaire se déduit alors de lui par une nouvelle réduction. Cette opération, si l'on y réfléchit, est une sorte de généralisation du produit scalaire de deux vecteurs, lequel donne pour résultat un scalaire, c'est-à-dire abaisse le rang du tenseur de rang 1 (vecteur), pour obtenir un tenseur de rang 0 (scalaire). Quant à la différentiation par rapport à un indice α, c'est une opération qui, au contraire, consiste à augmenter d'une unité le rang d'un tenseur, tout comme le fait d'ailleurs un simple produit vectoriel (passage d'un tenseur de rang 1 à un tenseur de rang 2). Le développement du calcul tensoriel a fait apparaître trois tenseurs remarquables, dont l'intérêt est d'avoir les mêmes composantes dans tous les systèmes de coordonnées : le tenseur nul (dont toutes les composantes sont nulles); le tenseur de Minkowski $g_{\alpha\beta} = \eta_{\alpha\beta}$, qui vaut -1 si $\alpha = \beta = 0$, 1 si $\alpha = \beta \neq 0$ et 0 si $\alpha \neq \beta$; enfin, le tenseur de Levi-Civita, tenseur de rang N dans un espace à N dimensions, qui est complè-tement antisymétrique et qui change de signe pour une permutation de deux indices.

Pourquoi a-t-on besoin du calcul tensoriel en théorie de la relativité? Rappelons que le mouvement de généralisation valorisé par Bachelard sous le terme de « valeur inductive » est d'abord celui qui fait passer de la théorie de la relativité restreinte à la théorie de la relativité générale. La nécessité de résoudre la contradiction entre la loi de propagation de la

lumière dans le vide et le principe de relativité des vitesses
amène Einstein à substituer la transformation de Lorentz à
la transformation de Galilée (qui n'était d'ailleurs pas satis-
faite par les équations de Maxwell). Ainsi naît la théorie dite
« restreinte », qui met en équivalence tous les repères galiléens,
c'est-à-dire en mouvement uniforme les uns par rapport aux
autres, et rétablit l'identité de description des lois de la nature
quel que soit le repère, grâce à la forme quadratique de
Lorentz, invariant du groupe de transformations de l'espace.
Ceci revenait à renoncer à l'absoluité newtonienne des
concepts d'espace et de temps au profit de la notion nouvelle
d'un espace-temps à 4 dimensions dans lequel les corps
subissent des déformations spatio-temporelles en fonction de
leur vitesse, quand celle-ci est non négligeable devant celle de
la lumière. Einstein achève cette démonstration en 1905 mais
le problème se pose alors de généraliser ces résultats à
n'importe quel type de repère, en particulier les repères en
mouvement accéléré. Admettant l'identité de la masse inerte et
de la masse pesante, Einstein comprend alors sa signification
profonde, à savoir l'équivalence totale, pour un corps pesant,
entre le fait d'être en repos dans un champ de gravitation
statique et celui d'être en mouvement accéléré dans un espace
libre de champ : en d'autres termes, il comprend qu'on peut
« engendrer » un champ de gravitation par un simple changement de coordonnées de l'espace. Trouver des lois d'invariance pour la dynamique revient donc à chercher comment
tous les systèmes de coordonnées de l'espace, quels que soient
leurs mouvements (uniformes ou accélérés), peuvent être mis
en équivalence. Les accélérations se traduisant par des
courbes, la solution d'un tel problème fait intervenir des
systèmes de coordonnées curvilignes (ou coordonnées de
Gauss). La géométrie particulière qui les utilise, ou géométrie

riemannienne, nécessite alors un outil spécial pour décrire des transformations de coordonnées dans des espaces de Riemann, c'est-à-dire le calcul tensoriel.

Contrairement à Meyerson, qui n'en souffle mot dans *La déduction relativiste*, Bachelard a parfaitement compris que le cœur de la théorie de la relativité était précisément là, et que ce calcul, certes, compliqué, « loin de servir d'argument à une thèse déductive » (p. 62), amenait au contraire avec lui des valeurs philosophiques inédites, des généralisations, des occasions d'induction. C'est que, comme le philosophe l'explique, le calcul tensoriel « poursuit systématiquement la plus grande richesse possible en variables » (p. 63). Par ses formules condensées, il « arrive à inscrire la généralité sous le signe persuasif du particulier » (*ibid.*) : la contraction des tenseurs, comme on l'a vu, en est un exemple. Mieux : qu'on livre une des variables du problème à ce calcul, écrit Bachelard dans son apologie, « il saura lui associer toutes les autres ; il les apprêtera comme des formes vides, comme des possibilités éveillées par une espèce d'instinct de la symétrie fonctionnelle, par un génie de la généralité. Puis, grâce au simple mouvement d'une transformation de coordonnées, on s'apercevra que la matière expérimentale vient couler dans ces moules formels, mettre de la vie dans ces fantômes, équilibrer toutes les variations, expliciter enfin le rôle du général » (p. 64).

Dans les pages 64 et suivantes de son texte, Bachelard met en évidence la généralisation opérée par le calcul tensoriel sur différents exemples.

Le premier cas – le cas le plus simple – est celui de la dérivée d'un vecteur. Dans un espace courbe, la direction des vecteurs de base change quand on passe d'un point à un point infiniment voisin, de sorte que la dérivée d'un vecteur n'est plus un vecteur. La substitution d'une dérivée dite « covariante » à la dérivée ordinaire permet alors de rétablir la propriété initiale car on peut montrer que la dérivée covariante se comporte comme un vecteur contravariant. Il suffit pour cela d'ajouter au deuxième membre de l'expression de la dérivée un terme nommé « symbole de Christoffel ».

En langage mathématique, si $V = V^\mu e_\mu$ est un vecteur de composantes contravariantes V^μ, on obtient en dérivant :

$$dV = dV^\mu e_\mu + V^\mu de_\mu$$

$$\text{avec } dV^\mu = (\partial V^\mu / \partial x^\nu) dx^\nu = V^\mu, \nu \, dx^\nu \qquad (1)$$

La dérivée de_μ pouvant être exprimée comme une combinaison linéaire de vecteurs de base, on pose :

$$de_\mu = \Gamma^\alpha_{\mu\nu} dx^\nu e_\alpha \qquad (2)$$

D'où, en substituant (2) dans (1) :

$$dV = V^\mu, \nu \, dx^\nu \, e_\mu + V^\mu \Gamma^\alpha_{\mu\nu} dx^\nu \, e_\alpha \qquad (3)$$

ou, en changeant le nom des indices muets et en factorisant :

$$dV = (V^\mu, \nu + \Gamma^\mu_{\nu\sigma} V^\sigma) \, dx^\nu \, e_\mu \qquad (3)$$

On appelle alors « dérivée covariante du vecteur V^μ la quantité $D V^\mu$ telle que :

$$D V^\mu / dx^\nu = V^\mu, \nu + \Gamma^\mu_{\nu\sigma} V^\sigma \qquad (4)$$

Cette dérivée se comporte comme un vecteur contravariant puisque $dV = dV^\mu e_\mu$ avec $D V^\mu = (V^\mu, \nu + V^\mu, \nu + \Gamma^\mu_{\nu\sigma} V^\sigma) \, dx^\nu$.

Les symboles de Christoffel ($\Gamma^\mu_{\nu\sigma}$) ne sont pas des tenseurs, mais ils ont la propriété d'être symétriques, de pouvoir être mis en relation avec le tenseur métrique, et enfin, de pouvoir être contractés sur un indice. Quand ces symboles sont nuls – ce qui arrive dans l'espace « plat » de la relativité restreinte, les dérivées covariantes se réduisent alors au dérivées ordinaires. Par conséquent, si l'on prend les choses à l'envers, comme le fait Bachelard (p. 66) en tirant son information d'un livre de

Becquerel [1], on peut, déjà en relativité restreinte, substituer aux formes dégénérées des tenseurs et à leurs dérivées ordinaires les tenseurs eux-mêmes et leurs dérivées covariantes, ce qui ne change rien mais donne à la loi qu'on cherche à exprimer une forme tensorielle tout à fait générale, opération qui, pour le philosophe, correspond à ce qu'il appelle un « mouvement inductif » (p. 67).

Plusieurs autres exemples du même ordre, tirés du livre de Becquerel, seront donnés par Bachelard dans la suite.

Ainsi, aux pages 67-71, il s'agit de trouver l'équation la plus générale qui règle la propagation d'un potentiel quelconque φ, exemple que Becquerel lui-même emprunte à Eddington. Sachant qu'en coordonnée galiléennes, on a :

$$X_1 = x, X_2 = y, X_3 = z, X_4 = ct,$$

l'expression du Dalembertien qui donne l'équation du potentiel est une équation différentielle du deuxième ordre qui prend la forme suivante :

$$\varphi = \partial^2\varphi / \partial X^2_1 - \partial^2\varphi / \partial X^2_2 - \partial^2\varphi / \partial X^2_3 + \partial^2\varphi / \partial X^2_4 = 0 \quad (5)$$

---

1. J. Becquerel, *Le principe de la relativité et la théorie de la gravitation*, leçons professées en 1921 et 1922 à l'Ecole polytechnique et au Muséum d'Histoire Naturelle, Paris, Gauthier-Villars, 1922. Cet ouvrage est l'inspiration constante de Bachelard tout au long du livre et il le citera à de nombreuses reprises. Le livre de Becquerel, apprécié des scientifiques, était la référence française sérieuse de l'époque sur la théorie de la relativité. Il sera notamment mis en exergue en 1931 par A. Kastler au début d'un de ses articles. Voir A. Kastler, « Le dynamisme interne des corpuscules et l'origine de la gravitation », *J. Phys. Radium* 2, 1931, p. 61-64. M. Paty, dans son étude de la réception de la théorie de la relativité en France, mentionne d'ailleurs Becquerel. *Cf.* M. Paty, « The Scientific Reception of Relativity in France », in Thomas F. Glick (ed.), *The Comparative Reception of Relativity*, Boston, Boston Studies in the Philosophy of Science, Volume 103, 1987, p. 113-167.

Ceci suggère que les valeurs galiléennes non nulles des $g^{\mu\nu}$ (où les $g^{\mu\nu} = \mathbf{e}_\mu.\mathbf{e}_\nu$ sont les produits scalaires des vecteurs de base) ont donc la forme :

$$g^{11} = -1, \quad g^{22} = -1 \quad g^{33} = -1 \quad g^{44} = +1$$

Par conséquent, l'équation différentielle la plus générale, qui exprime (en coordonnées galiléennes) toutes les dérivées secondes, y compris celles qui sont nulles, a la forme tensorielle suivante :

$$g^{\mu\nu} = \partial^2\varphi / \partial x^\mu \, \partial x_\nu = 0 \tag{6}$$

Cette expression n'est en fait rien d'autre que la formule (5) – à laquelle elle se ramène – car les dérivées par rapport à des x^μ et des x^ν de coefficients différents (c'est-à-dire pour $\mu \neq \nu$) s'annulent. Comme le dit Bachelard (p. 69), on n'a donc ajouté que des dérivées fantômes. Mais on a atteint ici une forme à la fois plus condensée et plus générale.

Maintenant, si l'on prête attention au fait que φ est un scalaire, que sa dérivée première $\partial\varphi / \partial x^\mu$ est donc un vecteur, sa dérivée seconde, comme on l'a vu plus haut, ne sera pas un vecteur (ou tenseur de rang 1). Rien n'empêche cependant de la remplacer par la dérivée covariante correspondante :

$$g^{\mu\nu}\varphi_{\mu\nu} = 0 \tag{7}$$

Comme le fait remarquer Becquerel, d'une part cette expression est sous forme tensorielle, et d'autre part son premier membre est même un invariant pour tous les changements de coordonnées. Il est nul pour des coordonnées galiléennes, ce qui signifie aussi qu'il est nul dans un espace euclidien pour des coordonnées arbitraires. Sa forme développée est (en écriture moderne)[1] :

---

1. Voir J. Becquerel, *Le principe de la relativité et la théorie de la gravitation*, op. cit., p. 169.

$$g^{\mu\nu}\varphi_{\mu\nu} = g^{\mu\nu}(\partial^2\varphi/\partial x^\mu\,\partial x^\nu - \Gamma^{\mu\nu}{}_\alpha\,(\partial\varphi/\partial x_\alpha)) = 0$$

Telle est donc l'expression de l'équation (5) en coordonnées curvilignes, dans n'importe quel système de référence, pourvu que l'espace[1] soit euclidien. C'est aussi l'expression du potentiel dans un espace non-euclidien, pourvu, cette fois-ci, que le *principe d'équivalence* soit applicable, c'est-à-dire qu'en chaque point de l'espace de Riemann, on puisse remplacer cet espace lui-même par l'espace euclidien tangent. Sous cette condition – qui suppose tout de même préalablement – c'est là la limite du raisonnement de Bachelard – que des *principes* de la théorie (comme le principe d'équivalence) aient été préalablement formulés (donc que la théorie soit déjà assurée de ses principes[2]) – il y a passage du particulier au général, grâce à l'adjonction d'un symbole de Christoffel dans le second membre des équations. Cette méthode qui procède « par adjonctions successives » (p.73), rappelle à Bachelard le cas des corps de nombres (du type $Q\sqrt{n}$), construits par adjonction d'irrationnels, qu'il avait étudié dans l'*Essai sur la connaissance approchée*. Ainsi, la thèse que la pensée incorpore progressivement ses limites à l'intérieur d'elle-même, thèse qui sera développée ultérieurement dans le *Nouvel Esprit Scientifique*, se met peu à peu en place. Ici, la généralisation inclut l'arbitraire possible des déplacements-mouvements, et donc, du champ de gravitation correspondant.

---

1. Becquerel – et Bachelard reprendra – parle plutôt d'« univers » euclidien (resp. non euclidien).

2. Bachelard, qui veut absolument souligner le dynamisme de la théorie « se faisant » déclare habilement : « L'affirmation du principe d'équivalence a réglé l'osculation du réel par le cadre général laborieusement et progressivement construit » (p. 71). Mais le fait est que le principe doit être déjà là pour que le raisonnement précédent tienne.

Un exemple encore plus frappant de la généralisation einsteinienne est donné par Bachelard – qui suit toujours ici Becquerel – à propos de la notion de densité et de sa généralisation au moyen du tenseur impulsion-énergie (p. 76). Par une sorte de « syllogisme de la confiance » – c'est ainsi que Bachelard s'exprime – on cherchait un tenseur capable de se réduire à la densité dans le cas d'une matière au repos, par rapport à un système de référence, dans un Univers euclidien. On le cherchait, et il se trouve qu'il existe, donc on le trouve. Le philosophe tire alors tous les enseignements de la méthode : « Le fait qu'un certain tenseur dégénère pour donner la densité commune jette un jour nouveau, par l'extérieur, *par la forme*, sur le rôle exact de la densité dont le caractère matériel et empirique devient ainsi secondaire. Ce fait prépare des adjonctions correctes qu'aucune expérience ne pourrait suggérer. Ces adjonctions corrigent alors la notion même qu'elles complètent » (p. 77). Qui dit adjonction dit synthèse, et c'est en somme par la synthèse qu'advient la découverte. « C'est donc ici la synthèse qui éclaire et rend possible l'analyse, écrit Bachelard. L'idéal déductif imaginerait plutôt une synthèse qui n'aurait pour rôle que de vérifier l'analyse. Nous croyons, au contraire, que c'est la synthèse qui découvre et l'analyse qui enseigne » (*ibid.*). La synthèse et le pouvoir de la forme vont particulièrement loin dans ce cas-là, puisqu'ils permettent de passer directement du vide à la matière par un simple jeu d'écriture : partant de l'équation de la gravitation dans le vide, Bachelard, suivant Becquerel, montre très clairement qu'il suffit de rajouter deux termes dans l'équation pour obtenir sans autre intermédiaire la loi de gravitation dans la matière. Certes, comme Bachelard le concède, « la loi générale une fois trouvée, on entreprendra de l'assurer en la coordonnant à des principes généraux vis-à-vis desquels elle pourra faire figure

de vérité déduite (…). Mais la valeur directrice de l'induction
relativiste reste entière. L'ordre de la découverte prime l'ordre
de la vérification, surtout dans une recherche qui vise à
l'organisation systématique d'une pensée nouvelle » (p. 80).

Les exemples précédents (généralisation de fonctions,
passage du concept de densité à celui de tenseur impulsion-
énergie, adjonction de quantités fantômes avec inférence d'un
vide entièrement géométrisé à une matière sans doute simplifiée mais lourde d'inconnu) sont autant de traces d'une même
méthode : une méthode que Bachelard, contre Meyerson, n'hésite pas à qualifier d'*antiréalistique*. Avec elle, le réel expérimental devient un simple prétexte à entourer d'un « cortège
de possibilités » (p. 80) qui, bien sûr, est organisé par un ordre
algébrique, mais plonge la pensée relativiste dans une « atmosphère de possibilité élargie »[1]. « On a même l'impression,
écrit Bachelard, que le Relativiste va plus loin et qu'épris d'un
véritable réalisme platonicien du possible, il incline à attribuer
de la substance à une organisation du possible riche et cohérente » (p. 82). Contre le pragmatisme du physicien classique
(Bouasse), et contre l'idée que l'information mathématique
n'est qu'une simplification (Duhem), Bachelard envisage
même d'étudier le possible dans son aspect qualitatif et pour
lui-même. « Dans cette voie, écrit-il, une espèce d'*Analysis*

1. L'évolution de la physique au-delà de la théorie de la relativité semble
confirmer les intuitions de Bachelard, qui décrit ici parfaitement un mouvement
qui n'a cessé de s'amplifier et qui n'a, au fond, que trop bien réussi. Le fait qu'au
terme de ce genre de généralisations, on aboutisse aujourd'hui, avec la théorie
des supercordes à 10^{100} états du vide et, avec la cosmologie du multivers, à 10^{500}
(ou davantage) possibilités différentes d'univers, amène cependant à
s'interroger : la physique doit-elle continuer de suivre cette voie? Sur les
chiffres précédents, voir L. Susskind, *Le paysage cosmique*, trad. fr. Paris,
Gallimard, Folio, 2008, p. 531 et p. 554.

Situs de la possibilité[1] pourrait peut-être faire abstraction des grandeurs apportées par les coefficients de réussite pour ne retenir que les degrés de liberté. Cette analyse énumérerait *toutes* les possibilités, elle permettrait de dégager *toutes* les fonctions et livrerait ainsi au mathématicien un phénomène organique où le potentiel et le virtuel pourraient trouver une place et un rôle » (p. 83). Bachelard conclura son analyse en montrant que c'est peu dire que d'affirmer que la physique se mathématise. C'est *en son centre* que les mathématiques désormais accèdent. Et contre les opposants à cette apologie de la complexité, contre ceux qui veulent à tout prix faire dégénérer les problèmes du général au particulier, Bachelard opposera le rôle constructif de l'induction mathématique[2], qu'il mettra encore en lumière, dans la suite, dans les théories relativistes de l'atome de Sommerfeld.

Il lui restera alors, pour achever cette première partie, à montrer comment les éléments de résistance les plus forts en provenance du réel (la notion de masse, le fait électrique) se trouvent en fait désagrégés dans leur unité prédicative

---

1. On retrouvera l'expression dans G. Bachelard, *Les Intuitions atomistiques*, Paris, Boivin, 1935, p. 136 ; Vrin, 1975.

2. Vingt ans plus tard, en 1949, Bachelard nuancera sa position : « On reconnaîtra, en mécanique quantique, que nombreux sont les cas où il y a dégénérescence, c'est-à-dire extinction d'une possibilité de structure. Mais les nouvelles doctrines nous donnent toute la hiérarchie des valeurs du rationalisme et de l'empirisme ». *Cf.* G. Bachelard, « La dialectique des notions de la Relativité » (The philosophic dialectic of the concepts of relativity) *in* P. A. Schilpp (ed.), *Albert Einstein, Philosopher-Scientifist*, Evanston, The Library of living philosophers, 1949, p. 553-580, réédité dans G. Bachelard, *L'Engagement rationaliste*, Paris, P.U.F., 1972, p. 120-136, voir notamment p. 131.

apparente, par la Relativité. Suivant Born[1] et Becquerel, Bachelard montre ainsi comment les extensions successives de la notion de masse (masse newtonienne, masse maupertuisienne, masse gravitationnelle et masse d'inertie, masse relativiste, fonction de la vitesse)[2] font que la masse, cette réalité première au départ, devient une notion dérivée, prouvant que le réel est à la fin, non au début. Par la suite, toujours sur les traces de Becquerel et de l'exposé que celui-ci fait de la théorie de Hermann Weyl, Bachelard étudie comment l'assimilation du champ électrique à la dynamique a été pensée par ce mathématicien à un niveau beaucoup plus profond, la théorie d'Einstein pouvant encore se généraliser. Mais comme la théorie de Weyl est elle-même prolongée par celle d'Eddington, et que l'achèvement complet de la doctrine soulève encore bien des difficultés qui sont loin d'être éclaircies, Bachelard, pour finir, cite le mot de Louis de Broglie affirmant que la nature du champ électro-magnétique, à l'époque, conservait encore son mystère[3]. La conclusion de cette

---

1. M. Born, *La théorie de la Relativité d'Einstein, et ses bases physiques*, Paris, Gauthier-Villars, 1923, rééd. J-J. Gabay, 2003.

2. Les profils spectraux de la notion de masse, dans la *Philosophie du non*, présenteront ultérieurement une version simplifiée de cette évolution, coefficientée subjectivement. *Cf.* G. Bachelard, *La Philosophie du non*, Paris, P.U.F., 1940, 6ᵉ éd., p. 43.

3. Il s'agit sans doute d'une allusion à la fin de la thèse de L. de Broglie, *Recherches sur la théorie des quanta* (1924), publiée l'année suivante dans les *Annales de physique*, 10ᵉ série, tome III, Janvier-Février 1925, et qui affirme, dans un appendice (p. 125) : « Il faut avouer que la structure réelle de l'énergie lumineuse reste encore très mystérieuse ». C'est à propos de cette thèse qu'Einstein, dans une célèbre lettre à Langevin du 16 décembre 1924, a pu affirmer : « Le travail de Louis de Broglie a fait une grande impression sur moi ; il a levé un coin du grand voile », *Cf.* L. Langevin, *Paul Langevin et Albert Einstein d'après une correspondance et des documents inédits*, Extrait de *La Pensée*, n°161, Février (1972), p. 22-23.

première partie (p. 137) continue cependant de témoigner d'une confiance inébranlable dans la puissance des mathématiques : « l'unité mathématique qui se constitue dans une axiomatique de la physique commande entièrement l'unité du phénomène »[1].

Le livre II, en trois nouveaux chapitres, va encore étendre et enrichir le point de vue précédemment développé.

Dans le chapitre IV (Le caractère formel des principes relativistes), Bachelard développe, toujours à l'encontre du réalisme meyersonien, sa thèse d'un rationalisme mathématique de la théorie de la relativité. Les principes relativistes, *a priori*, sont à l'évidence « éloignés de l'expérience immédiate » (p. 139). En conséquence, on ne les tire pas de l'examen de la réalité mais d'une réflexion sur les *conditions* de cette réalité[2]. Ces principes définissent à tout le moins des

1. On notera, dans le prolongement des remarques de Bachelard sur Weyl et Eddington, que cette recherche de la plus généralité mathématique possible est certainement davantage la quête des mathématiciens ou des mathématiciens physiciens que celle d'Einstein lui-même, qui est beaucoup plus physicien que mathématicien. On le voit, par exemple, dans les discussions que celui-ci a pu avoir avec E. Cartan. Comme le commente très bien M. Paty, « Cartan veut la généralité, Einstein veut les restrictions ». Voir M. Paty, *Einstein philosophe*, *op. cit.*, p. 232.

2. Ce point de vue presque transcendantal permettra ensuite à Bachelard (« La dialectique des notions de la relativité », *op. cit.*, p. 120-121) de mettre la « révolution einsteinienne sur le même plan que la révolution copernicienne, à ceci près que cette dernière instaurait une relativité purement symbolique, rien n'étant en fait changé « dans le détail des connaissances comme dans les principes de cohérence de la connaissance ». Mais en 1949, Bachelard ne valorise plus seulement l'organisation formelle ou le plan du possible. Désormais éloigné de Brunschvicg et plus sensible à une dialectique qui ne serait pas « argumentée par une logique automatique », il interprète alors la Relativité comme « une synthèse philosophique du rationalisme mathématique

conditions d'objectivité plutôt que des propriétés générales de l'objet et, comme un corps de conditions est une organisation purement formelle, ils dessinent un plan du possible plutôt qu'une véritable carte du réel (p. 140). Théorie du possible[1] impliquant des expériences de pensée, une contraction des corps à des vitesses inatteignables à l'époque dans l'expérience, le postulat d'une vitesse invariante non-empirique[2] (celle de la lumière) incorporée dans la géométrie de l'espace-temps, la Relativité présente de nombreux signes allant dans le sens d'une rationalisation du fait. Au fil du développement des notions, toute une « vie des formes » se met en place qui mène de découvertes en découvertes, en donnant à celles-ci leur pouvoir maximum de combinaison.

En résumé, organisation de formes et construction de concepts dans sa visée, le mouvement de la théorie de la relativité va, encore une fois, à l'inverse du mouvement de tout réalisme. Bachelard en veut pour preuve un constat signalé par le mathématicien polonais S. Zaremba, qui note qu'Einstein et ses disciples procèdent à l'inverse des théoriciens ordinaires

---

et de l'empirisme technique », en totale contradiction avec son interprétation première.

1. Une autre source de Bachelard, Norman Robert Campbell (1880-1949), physicien anglais et philosophe des sciences, aurait bien marqué, selon lui, cette position *a priori* et formelle des principes de la théorie de la relativité. *Cf*. N. R. Campbell, *Théorie quantique des spectres : la relativité*, trad. fr. A. Corvisy, Paris, Hermann, 1924.

2. « Ce n'est pas en tant que réalité que la vitesse de la lumière joue un rôle essentiel dans la transformation de Lorentz, écrit Bachelard. Elle est une pièce d'une construction algébrique touchée d'un certain arbitraire. » (VIR, p. 151). L'un des points qui retient l'attention est que, comme on peut poser $c^2 = -1$, on obtient $c = \sqrt{-1}$ seconde, ce que Minkowski désignait ironiquement comme l'« équation mystique », simple signe, selon Bachelard, d'« une hétérogénéité si crue qu'elle peut passer pour métaphysique » (p. 152).

en construisant d'abord leur théorie sans préciser le sens physique des symboles qu'ils emploient, celui-ci étant cherché après coup dans l'interprétation physique. L'impact de l'argument est d'autant plus fort que Zaremba, dans l'article en question[1] – qui se place plutôt du côté des Painlevé et autres adversaires d'Einstein –, critique ouvertement la théorie de la relativité. Bachelard ne manque pas, du reste, une occasion de marquer l'opposition de la Relativité à l'ancienne physique. Ainsi, la gravitation elle-même n'est-elle pas postulée avec des caractères physiques mais découverte mathématiquement, comme, du reste, le montre Becquerel pour qui, en théorie de la relativité, on cherche d'abord comment obtenir la covariance des lois physiques, puis, seulement ensuite si, dans l'Univers réel, les potentiels de gravitation $g_{\mu\nu}$ imposent certaines relations exprimant la loi générale de gravitation (p. 156). Comme le fait remarquer Bachelard, le mot « réel » ne doit pas ici tromper : « il ne s'agit pas de *trouver* et de *décrire* une réalité qui se désignerait à nous par des caractères mathématiques particuliers » (p. 157). Il faut, par une tâche « toute constructive », parmi des conditions mathématiques générales, définir des conditions mathématiques particulières – cette sorte de sculpture du réel mathématique jouant ici le rôle de limitation et de restriction traditionnellement dévolu à la réalité par rapport à la possibilité[2]. À cette époque, la puissance des

---

1. Voir S. Zaremba, « La Théorie de la Relativité et les faits observés », *Journal de mathématiques pures et appliquées*, 9ᵉ série, tome 1 (1922), p. 105-140. Dans cette pagination, qui est différente de celle de Bachelard, le texte qu'il cite se situe p. 108-109. Stanislas Zaremba (1863-1942), ingénieur puis mathématicien diplômé en Sorbonne, fut longtemps professeur à Cracovie, où il eut notamment pour élève Waclaw Sierpinski.

2. Ce point de vue serait aujourd'hui à comparer avec celui, peut-être encore plus radical, du physicien Max Tegmark, qui a pu défendre récemment

mathématiques s'arrête au seuil de la zone quantique. Pour pallier l'objection selon laquelle il pourrait exister des caractères matériels susceptibles de faire obstacle au formel et de constituer une réalité ferme, Bachelard cite malencontreusement un propos du physicien Jean Villey, assurant que « les régions intérieures aux électrons doivent être considérées comme étrangères à l'espace-temps »[1]. Bachelard va même jusqu'à écrire imprudemment : « Autrement dit, l'intérieur de l'électron est un pur néant fonctionnel, il n'intéresse pas le mathématicien » (p. 158). Mais, comme nous le savons, en 1929 très exactement, P. A. M. Dirac fait la théorie de l'électron relativiste, dans laquelle l'équation d'onde de l'électron va faire apparaître tout un espace interne. En effet, pour symétriser le hamiltonien relativiste de la fonction d'onde, Dirac le multiplie par l'expression conjuguée, ce qui en fait une forme quadratique, qu'il identifie alors au carré d'une forme linéaire afin qu'elle soit compatible avec l'expression d'une fonction d'onde. Mais identifier une forme quadratique au carré d'une forme linéaire n'est possible qu'à la condition que les coefficients de l'expression prennent leur valeur dans une algèbre non commutative – en l'occurrence une algèbre de Clifford définie sur des matrices dont les valeurs sont liées aux degrés de liberté du spin de l'électron.

---

une identité quasi-totale de la physique et de la mathématique. *Cf.* M. Tegmark, « The mathematical Universe », *Foundations of Physics* 38, No 2, 2008, p. 101-130. Voir aussi, du même auteur : *Our mathematical Universe, my quest of the Ultimate Nature of Reality*, New York, Knopf, 2014 ; trad. fr. *Notre univers mathématique, en quête de la nature ultime du réel*, Paris, Dunod, 2014.

1. J. Villey, *Les divers aspects de la théorie de la relativité*, Paris, Gauthier-Villars, 1923, p. 22 *sq.* Jean Villey (1885-1948), était un ancien élève de l'École Normale Supérieure-Ulm (1905), professeur de mécanique appliquée à la Faculté des Sciences de Paris.

Par ailleurs, la présence – du fait des coefficients quadratiques – de solutions négatives, aussi bien que positives, de l'équation, va faire surgir tout un univers, celui de l'antimatière, et permettra à Dirac de prédire la découverte du positron, mis en évidence par Anderson en 1932[1]. En d'autres termes, non seulement Bachelard avait raison, mais il n'était pas allé assez loin : la puissance des mathématiques allait s'étendre là où il ne l'attendait plus, ou plutôt, là où la réalité expérimentale devait bientôt faire surgir des espaces internes, qui allaient l'obliger à changer de philosophie[2]. Mais, pour rester dans l'ordre formel, c'est à partir de là aussi, c'est-à-dire quand on pénètre effectivement dans l'intériorité de la matière, que les problèmes de coordination deviennent particulièrement épineux : rapprocher d'une manière vraiment profonde le formalisme de la théorie de la relativité générale et celui de la mécanique quantique, dont Elie Cartan allait bientôt montrer les diffi-

---

1. P. A. M. Dirac, *The Principles of Quantum Mechanics*, 4ᵉ ed., Oxford, Oxford University Press, 1958, p. 254-258 et p. 273-274. Nous avons commenté en détail l'ensemble de cette démarche dans : D. Parrochia, *Les grandes révolutions scientifiques du xxᵉ siècle*, Paris, P.U.F., 1997, p. 221-227.

2. La prise en compte explicite du tournant et le détachement par rapport aux thèses de la *Valeur Inductive de la Relativité* peut se mesurer dans les dernières pages du livre que Bachelard a consacré à l'espace dans la physique contemporaine. *Cf.* G. Bachelard, *L'expérience de l'espace dans la physique contemporaine*, Paris, Alcan, 1937, p. 139-140 : au moment où les espaces abstraits se multiplient en liaison avec de nouvelles expériences, la raison doit, selon l'auteur, opérer elle-même une «révolution copernicienne de l'abstraction», et non seulement former de l'abstrait mais «produire l'expérience sur des thèmes abstraits nouveaux». Cette *production*, explique alors Bachelard, «dépasse singulièrement en portée l'*induction* plus ou moins amplifiante. Elle *renverse* vraiment l'axe de la connaissance empirique. Elle conduit à *substituer* à la phénoménologie uniquement descriptive une phénoménologie technique». (C'est nous qui soulignons.)

cultés de compatibilité[1], ouvrait le champ à des travaux d'ampleur : les théories de jauge, considérant encore les spineurs comme des variables externes. Elle ne devait vraiment déboucher sur une synthèse plus convaincante (encore aujourd'hui largement inachevée) que vers la fin du XXe siècle avec les théories des cordes.

En 1929, pour justifier sa théorie, Bachelard se contentait cependant aisément de l'emboîtement des formes extérieures, et la simple filiation entre le tenseur de Riemann-Christoffel, « tout proche des définitions axiomatiques de l'espace-temps », et le « tenseur contracté correspondant », suffisait déjà à le combler. Une telle filiation, en tout cas, révélait, selon lui, le caractère « inductif », au sens défini plus haut, de la théorie d'Einstein : « car rien n'obligeait à prendre pour la matière des formes tensorielles si proches parentes des conditions géométriques générales ». Toujours fidèle à Becquerel, il admettait volontiers qu'on puisse vérifier par déduction le bien-fondé de cette filiation mais continuait cependant de conclure que « si c'est la pensée déductive qui enseigne et explique, c'est la pensée inductive qui découvre » (p. 159). Le dernier paragraphe du chapitre IV accentuait encore le caractère formel de la construction relativiste, attaquant le problème dans sa racine mathématique la plus lointaine : le postulat d'invariance algébrique. S'appuyant ici sur le célèbre traité de mécanique rationnelle de Appell[2], Bachelard,

---

1. E. Cartan, *Leçons sur la théorie des spineurs*, tome 1, Paris, Hermann, 1938, p. 90-91. *Cf.* D. Parrochia *et alii*, *L'unité des mathématiques*, première partie, vers des algèbres géométriques, Paris, Hermès-Lavoisier, 2012, p. 75.

2. P. E. Appell, *Traité de mécanique rationnelle*, tome V, Paris, Gauthier-Villars, 1926, p. 24-25. Paul Emile Appell (1855-1930), mathématicien français, fut professeur à la Faculté des sciences de Paris. Le tome V de son traité, qui porte sur les *Eléments de calcul tensoriel, Applications Géométriques*

pourtant si hostile aux conventionnalismes de Duhem et de Poincaré, souligne comme à plaisir, surtout pour marquer son opposition au réalisme, l'existence d'un certain nombre de conventions liées aux jeux entre invariance, covariance et contravariance dans les transformations tensorielles (p. 162-163), notant que, si l'on restitue ultérieurement l'invariance des caractères d'objectivation, c'est sur le fond de ces conventions. Ainsi s'achève le chapitre 4.

Le chapitre 5 (la garantie d'unité de la doctrine) a pour but de répondre à une question engendrée par la position même de Bachelard depuis le début du livre : celle de l'unité de la théorie de la relativité. Dans une perspective déductive, le problème n'aurait pas de sens car, en ce cas, tout part des axiomes et se développe uniment à partir d'eux. Mais dans l'optique de Bachelard, qui est celle de la théorie en train de se faire, ou plutôt, de la reconstitution de sa genèse dans un temps pensé, on doit se demander (p.165) quelles sont les garanties qui « permettent d'affirmer que l'induction relativiste est naturelle, unique, formée d'un seul bloc, comme c'est le cas des doctrines qui se développent par déduction ».

La réponse, en principe, ne pourrait venir que si la science était achevée et Bachelard ne peut donc guère proposer que « quelques réflexions » sur le sujet. Cependant, un obstacle à la saisie de l'unité surgit tout de suite, celui du célèbre théorème de Poincaré sur la multiplicité essentielle des explications

---

et Mécaniques, est en fait édité par René Thiry. T. Y. Thomas jugeait ce texte écrit très clairement et satisfaisant pour les étudiants. *Cf.* T. Y. Thomas, « Appell on Tensor Calculus », *Bull. Amer. Math. Soc.*, Vol. 33, No 4, 1927, p. 493-495.

mécaniques [1]. Point fort de tous les conventionnalismes, pilier
de la thèse quinienne de la sous-détermination des théories
scientifiques, le théorème de Poincaré est souvent implicitement présent dans les argumentations de ceux qui, loin
d'accorder à la science le poids d'une véritable « culture »,
tendent à réduire celle-ci au rôle d'un simple instrument pragmatique de manipulation et de prévision, ce qui conduit, à
terme, à vaporiser toute forme de réalité objective. La critique
de Bachelard, ici, est multiple : 1) L'argument de Poincaré a
tout d'un subterfuge : au lieu de se servir des paramètres
de l'expérience, en suivant les articulations issues d'elle, « on
évoque des quantités occultes et on en multiplie le nombre
dans la proportion même qu'indiquent les nécessités de la
détermination algébrique »; 2) Le théorème n'établit que la
multiplicité des explications *algébriques*, car la soi-disant
multiplicité des théories mécaniques ne constitue en fait que
des illustrations de l'*algèbre*; une explication *vraiment mécanique* irait au contraire en sens inverse, mathématisant ou
algébrisant une représentation mécanique *vraiment première*;
3) D'ailleurs, le théorème de Poincaré ne vise qu'à établir une
possibilité de ces explications multiples, non à suggérer
des explications *effectives*. 4) Enfin, à supposer même qu'on
admette une telle multiplicité comme un fait, il faudrait encore
se demander si les théories mécaniques implicites qu'on évoque ne sont pas en réalité *étroitement coordonnées*.

On pourrait ici trouver la position de Bachelard quelque
peu contradictoire. 1) Il a lui-même défendu, dans la première

---

1. *Cf.* H. Poincaré, *Electricité et optique, la lumière et les théories
électrodynamiques*, leçons professées à la Sorbonne en 1888, 1890, et 1899,
2ᵉ édition, revue et complétée par Jules Blondin et Eugène Neculcéa, Paris,
Gauthier-Villars, 1901, p. VIII.

partie de son livre, la généralisation mathématique et il vient de souligner, à la fin du chapitre précédent, un certain caractère conventionnel des transformations tensorielles; 2) À propos du calcul tensoriel, il a lui-même soutenu la nécessité d'utiliser ces vêtements trop grands que sont les tenseurs, y compris pour décrire des phénomènes euclidiens, ce qui l'a conduit à justifier l'introduction de quantités fantômes, quitte à aussitôt après les annuler si les indices (covariants et contravariants) sont semblables. Il est donc mal placé pour reprocher à Poincaré son commodisme ou la multiplication de « quantités occultes ». La différence, cependant, est de taille. Ce que Bachelard suggérait – l'existence d'un certain nombre de degrés de liberté au sein du calcul tensoriel, des conventions transformationnelles, des passages du général au particulier et vice-versa – concernait une seule et même théorie, modélisant une même famille de phénomènes. Il recule ici devant la multiplicité introduite par Poincaré, qui va en quelque sorte *au-delà* de la bonne coordination du phénomène, et précisément *trop loin*, dissolvant celui-ci dans un formalisme *trop lâche*, qui ne serre plus d'assez près la réalité, au point d'en paraître sinon arbitraire, du moins une simple commodité. La discussion est subtile, car la commodité peut bien passer parfois pour une coordination. Mais c'est une question de langage. Si elle se borne à une simple *juxtaposition* de théories, elle perd, de fait, la réalité du phénomène – qui est une réalité d'ordre fonctionnel – sur laquelle elle n'a plus prise (p. 168). Si elle est, au contraire, une réelle *coordination*, alors, on peut faire jouer l'objection de Léon Bloch[1] : en ce cas, toutes les hypothèses sont équivalentes et, au point de vue

---

1. L. Bloch, *La philosophie de Newton*, Paris, F. Alcan, 1908, p. 484.

mathématique, elles n'en forment qu'une. Ainsi, « deux théories qui se correspondent par des transformations de coordonnées sont conciliables. Algébriquement elles n'en font qu'une. Seule une pensée réalistique peut les distinguer en majorant le sens donné aux variables au détriment de la relation qui doit jouer le rôle primordial dans l'explication » (p. 169).

En réalité, pour résoudre la question de l'unité d'une théorie, il faudrait, selon Bachelard, pouvoir mesurer la cohérence des différents arguments à l'aide desquels on la défend. Mais l'unité de la relativité ne peut en vérité apparaître qu'avec son axiomatisation. Bachelard note (p. 169) que Hilbert s'est livré à un tel exercice dès 1915[1], d'où deux axiomes, celui de la fonction d'Univers, et ensuite, celui de l'invariance de cette fonction. Becquerel expose d'un même tenant dans son livre ce qu'il appelle « la méthode de Lorentz et d'Hilbert »[2], dont il montre qu'elle permet de dériver les équations d'Einstein du principe d'action stationnaire[3]. Bachelard observe, quant à lui, que « la construction de M. Hilbert est inspirée des travaux de Lorentz sur le principe de moindre action de Hamilton », mais que, « à lire son mémoire on se convainc que le sens hamiltonien de la fonction postulée n'est pas explicite », qu'il ne

---

1. D. Hilbert, « Die Grundlagen der Physik. 1. Mitteilung », in *Nachrichten von der Königlichen Gesellschaft der Wissenschaften zu Göttingen. Math.-phys. Klasse*, 1915, p. 395-407. Voir notamment p. 396.

2. J. Becquerel, *Le principe de la relativité et la théorie de la gravitation*, *op. cit.*, chap. XVI, § 108, p. 257 *sq.*

3. L'axiomatique de Hilbert a donné lieu à une étude très fouillée. *Cf.* J. Renn, « Hilbert's Foundation of Physics : From a theory of Everything to a Constituent of General Relativity », *in* M. Janssen, J. D. Norton, J. Renn, T. Sauer, J. Stacherl (eds), *The Genesis of General Relativity*, Boston, Boston Studies in the Philosophy of Science, 2007, p. 1778-1895.

joue par conséquent aucun rôle dans la construction, et que « le caractère formel est donc entièrement réservé », ce qui permet à Hilbert de construire sa théorie à partir de suppositions extrêmement peu nombreuses, réalisant ainsi une très grande solidarité entre géométrie et physique (p. 171).

Il reste que la base axiomatique de Hilbert peut apparaître à certains égards trop étroite. Bachelard cite à ce sujet une critique de S. Zaremba[1], dont on peut se demander, après tout, si elle est réellement fondée, étant donné les positions plutôt anti-relativistes de l'auteur. Mais, par ailleurs – critique sans doute plus bachelardienne – il note que certains auteurs, comme T. Bialobrzeski[2], montrent qu'une axiomatisation vraiment totale de la physique serait bien difficile à concevoir, surtout dans une période d'incessants bouleversements (p. 173-74).

Bachelard comprend en tout cas l'axiomatique de la façon suivante : « toute axiomatique enseigne et fonde un esprit nouveau » (p. 174). Bien sûr, tout clarifier serait l'idéal, mais :
1) En axiomatique, l'évidence correspond non pas à une analyse intrinsèque et exhaustive des concepts admis – on voit ici la différence avec Russell – mais à une contexture des relations extrinsèques, dessinées conformément à des règles;
2) L'évidence n'est donc pas *possédée*. On la *conquiert* et, pour ce faire, il faut faire crédit à la construction. En ce sens, elle peut s'appliquer à des « données encore impures »;
3) C'est au niveau des postulats et non en leur sein qu'on doit

---

1. Voir S. Zaremba, « La Théorie de la Relativité et les faits observés », *Journal de mathématiques pures et appliquées,* 9ᵉ série, tome 1, 1922, p. 106 (pagination différente de celle de Bachelard).

2. T. Bialobrzeski, « Sur l'axiomatisation de la physique », *Revue de Métaphysique et de Morale*, avril 1928, p. 207-218.

examiner la cohérence. C'est au moment où ils coopèrent et donnent leur sens aux concepts qu'on peut juger de leur coordination. En 1929, la bataille de la Relativité se transporte aussi sur les successeurs et leurs tentatives d'axiomatisation de la théorie : en ce sens, Zaremba relève certaines insuffisances chez Weyl mais, comme le remarque Bachelard, les critiques semblent génériques et les difficultés loin d'être particulières à la Relativité. Au final, Bachelard rappelle qu'en axiomatique, un système de postulats doit avoir trois caractères : cohérence, complétude et indépendance des axiomes. Selon lui, on sait juger de la cohérence et de l'indépendance, mais pas de la complétude[1]. À supposer maintenant qu'on veuille élargir un système, l'enrichissement qui va amener du nouveau ne peut provenir que d'un procédé «dialectique». Autrement dit, il faut l'ouverture d'une alternative, comme lors du déve-loppement des géométries non-euclidiennes. Une telle dia-lectique, dit très joliment Bachelard en empruntant l'idée à

---

1. Les dates font que Bachelard, ici, ne peut pas être informé des avancées récentes de la logique. L'année 1929, année de publication de la *Valeur Inductive de la Relativité*, est celle de la démonstration par Gödel, dans sa thèse de doctorat, de la complétude du calcul des prédicats du premier ordre, qui affirme que, si un énoncé est universellement valide, c'est-à-dire vrai dans toutes les structures où il peut être interprété, alors il peut être démontré. Ou, en d'autres termes, si un énoncé est conséquence sémantique d'une théorie, c'est-à-dire vérifié dans tous ses modèles, alors il est aussi conséquence syntaxique de cette théorie, autrement dit, il peut être démontré à partir des axiomes en utilisant les règles d'un système de déduction. Mais, comme on sait, les théorèmes de Gödel de 1931 révèleront successivement qu'une théorie suffisante pour faire de l'arithmétique est nécessairement incomplète, au sens où il existe des énoncés indécidables dans le cadre même de cette théorie, et également que, sous le même genre d'hypothèse concernant les systèmes de déduction utilisés, un énoncé exprimant la cohérence de la théorie ne peut être démontré dans la théorie même.

Villiers de l'Isle-Adam, «assujettit en détachant»[1] (p. 178).
Dès qu'un classement dialectique, existe, cependant, une
réunion s'avère possible. Ainsi en va-t-il de la «pangéométrie» qui réunit les perspectives euclidiennes et non
euclidiennes, unifiées, en l'occurrence par cet «algébrisme»
sous-jacent dont Klein et Poincaré ont si bien compris le rôle.
Le physicien N.R.Campbell, selon Bachelard, a apporté
également sa contribution à cette idée en distinguant deux
types d'alternatives en fonction des deux aspects de la théorie
de la relativité : restreinte et généralisée (179). La première
alternative porte sur ce qu'on appellerait aujourd'hui l'indétermination de la métrique, qui n'est pas fixée en théorie de
la relativité, et qui peut prendre ainsi plusieurs formes. La
seconde relève davantage des hésitations théoriques touchant
une discipline scientifique en développement et encore inachevée. Ainsi, selon Bachelard, le point de vue d'Einstein et
celui de de Sitter, en cosmologie, s'opposent sur la question de
l'infinité du temps. «Dans l'hypothèse de M. Einstein, le
temps n'a pas de courbure, tandis qu'il en possède une dans
l'hypothèse de M. de Sitter» (p. 180).

Le lecteur d'aujourd'hui ayant entendu parler du «modèle
d'Einstein-de Sitter» pourrait être surpris que Bachelard
oppose les cosmologies de ces deux physiciens. Mais il
faut se replacer dans le contexte de l'époque. Le modèle
dit «d'Einstein-de Sitter» n'apparaît qu'en 1932, date
postérieure à la publication du livre de Bachelard. La première

1. Ce propos se rapporte vraisemblablement à un passage d'Axël :
«Maître, je sais que, selon la doctrine ancienne, pour devenir tout puissant, il
faut vaincre, en soi, toute passion, oublier toute convoitise, détruire toute trace
humaine, – assujettir par le détachement». Cf. A. Villiers de l'isle-Adam, Axël,
Paris, Maison Quantin, 1890, p. 204.

cosmologie d'Einstein, celle dont parle le philosophe, remonte aux *Kosmologische Betrachtungen* de 1917. À cette époque, Einstein proposait un univers dans lequel, comme le montre J. Merleau-Ponty, « l'espace est hypersphérique, fermé, et le temps ouvert, non affecté par la courbure de l'espace »[1]. Au contraire, fondé sur une autre métrique que celle utilisée par Einstein, le premier modèle de de Sitter était un espace maximalement symétrique, à 4 dimensions, de courbure positive, et qui généralisait la 4-sphère au-delà de la géométrie euclidienne. Univers homogène, isotrope et vide de matière, il présentait la particularité qu'aucune caractéristique physique ne permettait d'y distinguer une coordonnée de temps[2], toutes les courbures spatiales se confondant pour des temps longs. Riche d'un avenir encore inaperçu à l'époque[3], cet Univers de géomètre, tout comme, du reste, le modèle d'Einstein, semblait assez peu plausible. Bachelard, en tout cas, ne remarquait pas entre eux d'opposition clairement nécessaire. Et, comme il le déclare lui-même, il voyait plutôt là un type d'hypothèses éphémères, « simple échafaudage qui ne saurait rester dans le corps de la construction », ayant donc par là aussi peu d'effectivité que l'alternative antirelativiste de Painlevé, qui préférait modifier les axiomes de la mécanique plutôt que les notions de

---

1. J. Merleau-Ponty, *Cosmologies du xxᵉ siècle*, Paris, Gallimard, 1965, p. 42-43.

2. *Ibid.*, p. 59.

3. L'Univers de de Sitter, quoique sans matière au sens ordinaire du terme, était potentiellement rempli de virtualités répulsives, à cause de la présence de la constante cosmologique d'Einstein, dont de Sitter avait maintenu l'existence. Univers non-statique, il allait ultérieurement entrer dans la classe des solutions de la relativité générale du type « Friedman-Lemaître-Robertson-Walker » et constituer en outre, bien plus tard, une aubaine pour les géométries apparaissant dans le cadre des théories de l'inflation cosmique.

temps et d'espace[1]. Quoi qu'il en soit, pour le philosophe, le progrès ne pouvant naître que d'une antinomie vraiment surmontée, il était surtout nécessaire que l'aspect *éristique* du savoir – les controverses scientifiques – se transformât en *heuristique*.

Dans le dernier chapitre de cette seconde partie (Simplicité et raison suffisante), Bachelard qui polémique avec Meyerson depuis le début de l'ouvrage sans le dire, désigne cette fois-ci clairement, et pour la première fois, son adversaire : « La déduction relativiste ». Comme nous l'avons montré ailleurs[2], tout, ou à peu près, oppose Bachelard et Meyerson dans la lecture qu'ils font de la théorie de la relativité. Le fait que cette dernière soit placée sous le signe de la totalité (Höffding), alors que la pensée d'Einstein n'a rien d'un système fermé au sens cartésien ou hégélien, l'insistance meyersonienne sur une déduction statique, quand Bachelard voyait au contraire dans la Relativité l'existence d'une « conviction dialectique et progressive », l'inscription de la théorie dans une continuité, non seulement historique mais même scientifique, le réalisme identitaire de Meyerson, tout, aux yeux de Bachelard, faisait contresens. La première estocade directe contre Meyerson est

---

1. Cette hésitation première de la cosmologie marquera Bachelard, qui gardera toujours des réticences à l'égard de cette discipline, comme le prouve sa conférence de 1939 à la Société de Philosophie Française et de Langue Française. *Cf.* G. Bachelard, « Univers et Réalité », *L'Engagement Rationaliste, op. cit.*, p. 103-108. Voir à ce sujet notre commentaire dans : « Gaston Bachelard et la Cosmologie », dans A. Barrau, D. Parrochia (ed.), *Former et Origine de l'Univers, Regards philosophiques sur la cosmologie*, Paris, Dunod, 2010, p. 235-247.

2. D. Parrochia, « La lecture bachelardienne de la théorie de la relativité (Bachelard et Meyerson), dans J.-J. Wunenburger (ed.), *Bachelard et l'épistémologie française*, Paris, P.U.F., 2003, p. 153-182.

portée ici, quand le philosophe montre que les enseignements de la vie commune ne peuvent que s'opposer à la Relativité, et que celle-ci ne peut-être qu'une lutte *contre* la physique du sens commun. Suivant plutôt Von Laue[1] – qu'il citait déjà dans l'introduction de l'ouvrage aux côtés de Reichenbach[2] –, il accentue la rupture opérée par la théorie de la relativité en montrant l'impossibilité où l'on se trouvait à l'époque de compléter les théories classiques de Hertz ou de Lorentz (p. 184), plus proches en principe de l'esprit ancien. Mais la Relativité commence avec le démenti à l'éther infligé par l'expérience de Michelson et, loin de continuer les doctrines anciennes, elle les rectifie. Selon von Laue, la Relativité obéit à un principe de simplicité, au sens où elle rend l'expression mathématique des lois physiques la plus simple possible (p. 185). Mais la notion de simplicité doit être bien entendue : ce n'est ni la commodité (Poincaré), ni l'économie (Mach, Duhem). « Il est parfois plus simple, écrit paradoxalement Bachelard, de compliquer le système » (p. 186). La « simplicité » relativiste, d'ailleurs, n'apparaît qu'*a posteriori*, elle

1. M. von Laue, *La Théorie de la Relativité*, trad. fr. G. Létang, tome 1 : *Le Principe de Relativité de la transformation de Lorentz*, Paris, Gauthier-Villars, 1924 ; tome 2 : *La Relativité générale et la théorie de la gravitation d'Einstein*, Paris, Gauthier-Villars, 1926. Bachelard cite uniquement le tome 1. Max von Laue (1879-1960), élève de Planck et prix Nobel de physique 1914, avait notamment travaillé sur la diffraction des rayons X par les cristaux.

2. H. Reichenbach, *Philosophie der Raum-Zeit-Lehre*, Berlin et Leipzig, Walter de Gruyter, 1928. Ingénieur, physicien, mathématicien et philosophe, Hans Reichenbach (1891-1953), a fréquenté les sommités de l'époque (Cassirer, Hilbert, Planck, Born, Sommerfeld, Einstein). Diplômé de l'Université d'Erlangen en 1915, avec une dissertation sur la théorie des probabilités, supervisée par Paul Hensel et Emmy Noether, il devait, par la suite, développer les implications philosophiques de la théorie de la relativité en critiquant la notion kantienne d'*a priori* et en établissant, dans le livre mentionné plus haut, la vision du positivisme logique sur la théorie d'Einstein.

n'est pas immédiate, et relève davantage d'une « simplification active ». Bachelard se démarque ainsi nettement de l'idée d'une simplicité seulement *descriptive*, défendue par Reichenbach dans sa *Philosophie der Raum-Zeit-Lehre*. L'idée est au contraire d'insister sur la sécurité de l'harmonie explicite et active (p. 188) amenée par les nouveaux cadres. Entre la géométrie d'Euclide et celle de Riemann, il ne s'agit pas d'un problème de commodité. « Il faut se rendre compte que la forme riemannienne est particulièrement riche d'impulsion épistémologique. Elle permet de prévoir. Elle est un véritable avenir pour la pensée. Elle apparaît comme plus générale. Elle détermine une cohérence dans l'enrichissement même de l'expérience » (p. 188-189).

Développant ce point, Bachelard insiste sur le fait que la cohérence de la Relativité – l'origine de sa « simplicité » si l'on veut, et son souci de symétrie – n'appartiennent en fait ni à la logique pure ni aux enseignements du réel mais plutôt à une région de principes intermédiaires, plus riche que la logique déductive, plus pauvre que l'expérience. C'est ainsi que le rejet de l'éther par la théorie de la relativité restreinte (p. 190-191) est surtout celui d'un arbitraire (l'asymétrie créée par un système de référence particulier, par rapport auquel le supposé éther serait en repos)[1]. Si l'on voulait donc dégager de la

---

1. Bachelard cite à l'appui de son propos, le début de la conférence d'Einstein faite devant l'Université de Leyde en 1920. *Cf.* A. Einstein, *L'Ether et la théorie de la relativité*, trad. fr. Paris, Gauthier-Villars, 1972, p. 63-74. Le texte évoqué par Bachelard se trouve p. 68 de la présente édition. Mais, comme le précise Bachelard (p. 191), ce qui est écarté c'est l'hypothèse de l'éther telle que la posait la physique de Maxwell. Car la suite du raisonnement d'Einstein va établir l'existence d'un autre éther. « Le point de vue qu'on pouvait, au premier abord, adopter en face de cet état de choses semblait être le suivant : l'éther n'existe point du tout », écrit Einstein. Mais il ajoute un peu plus loin :

théorie de la relativité un principe directeur de la connaissance comparable à ceux étudiés par l'épistémologie traditionnelle, il faudrait lui donner la forme du *principe de raison suffisante* suivant : « *il ne faut pas qu'on puisse trouver dans un phénomène quelconque une raison suffisante pour spécifier un système de référence* » (p. 192). Réciproque du principe de relativité de von Laue, il assurerait l'existence d'une symétrie dans les raisons de choisir. Ainsi, ce principe certifie qu'il ne peut pas exister d'autres phénomènes que le phénomène électromagnétique qui soit susceptible de se propager dans le vide avec une vitesse différente de la lumière, car si la gravitation transmettait son action autrement que la lumière, cela conduirait à une nouvelle transformation de Lorentz différente de l'habituelle et qui nous mettrait en présence de deux espaces-temps entre lesquels on ne pourrait choisir. Aboutissant à poser un espace-temps unique, le principe revient donc finalement à affirmer un absolu. Non pas toutefois un absolu *ontologique*, mais ce que Schopenhauer a pu exprimer dans son ouvrage *De la quadruple racine du principe de raison suffisante* comme la liaison de toutes nos représentations, à savoir que « rien d'isolé et d'indépendant, rien

---

« Une réflexion plus attentive nous apprend pourtant que cette négation de l'éther n'est pas nécessairement exigée par le principe de la relativité restreinte ». Et, à condition de ne pas lier l'éther à un état de mouvement déterminé, mais en l'identifiant simplement à l'espace en tant qu'il est doué de propriétés physiques, on peut réintroduire l'éther. Mieux, il le faut absolument : « Selon la théorie de la relativité générale, écrit Einstein p. 74, un espace sans éther est inconcevable, car non seulement la propagation de la lumière y serait impossible, mais il n'y aurait même aucune possibilité d'existence pour les règles et les horloges, et par conséquent aussi pour les distances spatio-temporelles dans le sens de la physique ».

d'unique et de détaché, ne peut devenir notre objet »[1]. Les systèmes de référence eux-mêmes doivent être suffisants, comme le reconnaît H. Wildon Carr, qui vient appuyer, en note, ce qu'on pourrait appeler le « relationisme » (ou correlationisme) bachelardien[2].

En prenant les choses différemment, Bachelard affirme (p. 196), que la théorie de la relativité, qui invite à trouver une sorte de généralité progressive, différente de la généralité baconienne, et qui entraîne, élargissant le domaine du prévu *a priori*, aboutit à une forme qui, comme Lalande le montre dans un article critique sur le livre de Meyerson, doit être celle que l'univers doit revêtir. Ainsi Bachelard débouche-t-il sur une interprétation très « logiciste » de la théorie d'Einstein « Nous étions partis guidés par une sorte de pensée esthétique, toute en possibilités, qui semblait construire pour construire. Nous aboutissons à un système logique, affirmé dans une unité manifeste. » (p. 197). Les conditions de fécondité de la pensée, harmonisées, convergent ainsi dans « le clair achèvement d'un système complet et homogène de véritables conditions

---

1. Dans la traduction la plus accessible aujourd'hui au lecteur, le texte se trouve dans : A. Schopenhauer, *De la quadruple racine du principe de raison suffisante*, trad. fr. J. Gibelin, Paris, Vrin, 1972, p. 36-37 : « il se trouve qu'entre toutes nos représentations, il existe une relation soumise à une norme et pour la forme, déterminable a priori, en vertu de laquelle rien d'existant pour soi ni d'indépendant, rien non plus de singulier, ni de détaché, ne peut devenir objet pour nous ». Tel est le principe de raison suffisante en son universalité.

2. H. Wildon Carr, « The metaphysical aspects of relativity », *Nature*, février 1921, p. 810. François-Xavier Demoures, « Relativité et relativisme : la réception de la théorie d'Einstein », *Traces*, revue de sciences humaines, 12, 2007, a montré comment cette interprétation, en opposition à Brunschvicg et Rabeau, s'inscrivait dans une série de tentatives philosophiques d'interpréter la théorie de la relativité dans des cadres divers. H. Wildon Carr (1857-1931) était professeur de philosophie au King's College de Londres de 1918 à 1925. Il termina sa carrière comme Visiting Professor à l'Université de Caroline du Sud.

logiques ». Raisons inductives et raisons logiques se trouvent ainsi conciliées. Le principe de raison suffisante, aidant cette induction, précise Bachelard *in fine*, est celui de Schopenhauer, non celui de Leibniz. Chez Leibniz, le principe de raison suffisante est un principe de détermination proche du principe de causalité. Chez Schopenhauer, au contraire, tout ce qui étend la connaissance est justiciable de ce principe, qui devient un principe d'induction suffisante. Le Réel, n'est plus alors qu'une « cause occasionnelle de la pensée ». Suivant en cela Eddington, pour qui les propriétés de l'Univers sont des propriétés choisies par l'esprit, Bachelard se refuse à dire désormais que la Nature « contient des lois ». Elle les reçoit successivement, selon un plan qui s'enrichit à chaque pas, et une échelle inductive parcourue sous l'impulsion de l'esprit. Dans ce contexte, « il ne reste que bien peu de place pour l'expérience ». En ce sens, et quand on sait l'évolution ultérieure de Bachelard vers un « rationalisme appliqué », rééquilibrant le poids respectif du formel et de l'expérimental, on conçoit qu'il ait eu des réticences à voir republier ce texte qui le mettait, il faut le reconnaître, assez largement en contradiction avec lui-même.

La dernière partie de *La Valeur inductive de la Relativité* (livre III) contient seulement deux chapitres (« Relativité et Réalité », et « La Conquête de l'Objectif »), négatifs l'un de l'autre et qui, en ce sens, s'opposent et se complètent.

Le chapitre VII est entièrement dirigé contre Meyerson. Dans son livre sur la théorie de la relativité, celui-ci prétendait en effet expliquer comment on va de la géométrie au réel, démarche apparemment proche de celle de Bachelard. Mais, pour ce dernier, avant d'expliquer, il faut d'abord construire, et étudier avant tout les conditions dans lesquelles la pensée essaie de s'unifier et de se compléter (p. 202). En décelant une force inductive, y compris dans la partie mathématique de la théorie, Bachelard plaçait l'invention avant l'expérience (p. 203). Le réalisme, comme déjà le suggérait l'*Essai sur la connaissance approchée*, ne pouvait donc être dans cette perspective qu'une situation dérivée, le réel une vérification tardive et indirecte (peut-on être réaliste en construisant?). La Relativité était donc pensée par Bachelard comme allant à l'encontre du réalisme et de l'empirisme.

Bachelard insiste en particulier sur le fait que, si l'on suit cette théorie, l'essence ne peut être conçue qu'en fonction de la relation (p. 207 et suivantes). La Relativité va donc a contre-sens de l'empirisme. Il est alors possible d'en tirer une logique nouvelle (p. 210), qui n'est plus la logique aristotélicienne des classes[1] : «Pour cela on cherchera systématiquement, pour

---

1. La formulation réelle de cette logique restera chez Bachelard en partie optative, même si l'idée en réapparaîtra ultérieurement, notamment dans la *Philosophie du non*. Dans le chapitre III de cet ouvrage (le non-substantialisme, prodromes d'une chimie non-lavoisienne) les notions de «surstance» (Whitehead) et «d'extance» sont proposées pour remplacer l'antique notion de «substance» et l'inhérence des caractères qu'elle présuppose. Il s'agit ainsi de mieux rendre compte de la coordination des concepts imposée par la chimie «non-lavoisienne». *Cf.* G. Bachelard, *Philosophie du non, op. cit.*, p. 78 : «Pour bien souligner que la substance est définie par un groupe de déterminations externes agencées de telle manière qu'elles ne peuvent toutes ensemble se préciser assez pour atteindre un intérieur absolu, peut-être pourrait-on retenir le nom d'ex-tance». Par la suite, le chapitre V de la *Philosophie du non* (La logique non-aristotélicienne) développera quelques considérations, qui n'ont pas convaincu les logiciens, à partir des travaux de P. Février et d'A. Korzybski. Sur le fond, sortir des rapports d'inhérence stricte et tolérer des classes intersectantes ou empiétantes n'oblige nullement à utiliser des logiques non-classiques. Voir. D. Parrochia, P. Neuville, *Towards a General Theory of Classifications*, Basel, Birkhaüser-Springer, 2013.

tous les prédicats, un lien extérieur à leur sujet d'inhérence. On posera ces prédicats comme des relations, on ne les posera plus comme des propriétés.(…) Au commencement est la relation; tout réalisme n'est qu'un mode d'expression de cette relation ». Bachelard va même jusqu'à dire (p. 211) que, la relation affectant l'être, elle ne fait qu'un, en fait, avec l'être, de sorte que la Relativité aboutit bien à une sorte d'ontologie, mais une ontologie « d'autant plus cohérente qu'elle est d'essence mathématique ». L'être, écrit Bachelard, n'est fait que de la coordination des conditions mathématiques (p. 212) : ainsi le geste d'Einstein, consistant à annuler l'inertie pour une masse située à distance infinie des autres, prouve que cette inertie est purement relative à un autre corps et ne possède donc aucune réalité sans cet autre. Alors que, dans la pensée classique, l'espace et le temps ne donnent aucune composition pour la matière, et que même les lieux, chez Aristote, sont une simple référence géométrique grossière, au contraire, la Relativité opère un effort de corrélation directe de la matière, de l'espace et du temps[1]. Elle est, en ce sens, l'aboutissement d'un mouvement dont on peut suivre les étapes. Alors que le monde newtonien n'était fait que de points-masses séparés par du vide et unis par la loi d'attraction gravitationnelle, la physique des champs, avec ses fluides spécifiques, avait créé, comme le montrait déjà Cassirer[2], une sorte de monde d'intermédiaires.

---

1. Cette interprétation, qui anticipe les convictions de certains physiciens contemporains, se retrouvera jusque dans le titre d'un livre. Voir G. Cohen-Tannoudji, M. Spiro, *La Matière-Espace-Temps*, La logique des particules élémentaires, Paris, Fayard, 1986.

2. E. Cassirer, *Zur Einsteinschen Relativitätstheorie. Erkenntnistheoretische Betrachtungen*, Berlin, Bruno Cassirer Verlag, 1921. Aujourd'hui traduit : E. Cassirer, *La théorie de la relativité d'Einstein, Eléments pour une théorie de la connaissance*, trad. fr. J. Seidengart, Paris, Éditions du Cerf, 2000.

Mais ces intermédiaires étaient tantôt trop géométriques, tantôt trop matérialisés, de sorte que les propriétés de l'éther se trouvaient mal solidarisées, entraînant la faillite de l'éther maxwellien (p. 216). Il faut donc se rendre à l'évidence : réalisme et matérialisme ne sont pas superposables. Cela dit, pour le Bachelard de 1929, la matière peut être rendue aussi idéale que l'espace ou l'espace aussi réel que la matière. Le champ n'a pas besoin de support autre que l'atome, et même l'atome n'a plus a être supposé comme origine des vecteurs électromagnétiques si on se donne le champ lui-même comme une sorte de nouvel éther – une réalité, comme le dit Pacotte, « entièrement autonome »[1]. D'où une géométrisation du réel (p. 218) dont, sans doute, Meyerson a su saisir la portée, mais qu'il eut le tort de rapprocher de la perspective cartésienne, laquelle n'a rien à voir avec elle. En réalité, il y a un « ordre épistémologique des notions » à respecter, et c'est lui qui fournit la pierre de touche pour classer philosophiquement les doctrines (p. 218-19). On a ici l'amorce d'une thèse qu'on verra réapparaître dans *La philosophie du non* et selon laquelle la science ordonne la philosophie même[2].

---

1. Bien qu'il ne le cite pas explicitement, Bachelard évoque sans doute : J. Pacotte, *La physique théorique nouvelle*, Paris, Gauthier-Villars, 1921. Voir aussi A. Einstein, « l'Ether et la théorie de la relativité », dans A. Einstein, *Réflexions sur l'électrodynamique, l'éther, la géométrie et la relativité*, Paris, Gauthier-Villars, 1972, p. 63-74.

2. *Cf.* G. Bachelard, *La philosophie du non, op. cit.*, p. 22 : « Le sens de l'évolution philosophique des notions scientifiques est si net qu'il faut conclure que la connaissance scientifique ordonne la pensée, que la science ordonne la philosophie elle-même. La pensée scientifique fournit donc un principe pour la classification des philosophies et pour l'étude du progrès de la raison ». Voir nos commentaires dans : *Mathématiques et Existence*, Seyssel, Champ Vallon, 1991, p. 74.

Ce qui complique la tâche de l'épistémologue concernant la filiation des notions de matière et d'énergie est que les « doctrines » relativistes présentent des différences notables. En 1929, deux grandes écoles semblaient, au moins en apparence, s'opposer : celle d'Einstein, et celle d'Eddington. Si l'on s'en tient au texte, Einstein est plutôt réaliste, au sens où il suppose la matière antérieure à l'espace, notamment dans la théorie de la relativité générale où l'espace semble conditionné par la matière. Becquerel – que Bachelard suit ordinairement – ici l'embarrasse, car le physicien accentue encore, dans son livre, le point de vue d'Einstein – pour qui la courbure de l'Univers est déterminée par la quantité totale de matière existante : « On peut attribuer à la matière, ou plus exactement aux électrons, un rôle primordial »[1]. En ce sens, la matière serait presque supposée *créer* l'espace. Mais, selon Bachelard, il faut se méfier de ce réalisme d'expression, qui risque de n'être qu'une figure de style. En réalité, il n'y a pas d'action véritable de la matière sur l'espace et l'on peut même au contraire considérer que la première n'est qu'une *conséquence* de certaines déformations du second[2]. Eddington, quant à lui, voyait une réciprocité parfaite des conditions matérielles et géométriques[3], l'explication par la structure matérielle étant corrélative de l'explication par les propriétés géométriques. Aux prises avec le réalisme qu'il entend repousser le plus loin

---

1. J. Becquerel, *Le principe de la relativité et la théorie de la gravitation*, *op. cit.*, p. 304.

2. Bachelard s'appuie ici sur É. Picard, *La théorie de la relativité et ses applications à l'astronomie*, Paris, Gauthier-Villars, 1922, p. 19. Charles Émile Picard (1856-1941), normalien, mathématicien, successeur d'Hermitte à la Faculté des Sciences de Paris, était un spécialiste d'Analyse mathématique.

3. A. Eddington, *Vues générales sur la théorie de la relativité*, Paris, Gauthier-Villars, 1924, p. 39.

possible, Bachelard n'hésite donc pas, à cette époque, à épou-
ser des thèses proches du Cercle de Vienne : ainsi, on ne parlera
pas, selon lui, de la causalité de la matière sur l'espace, non
seulement parce que matière et espace ne sont pas sur le même
plan, mais parce que, d'après Morritz Schlick, seule une
combinaison de l'espace, du temps et des choses peut correspondre à la réalité[1]. La relation causale est donc trop abstraite
pour avoir une effectivité.

Bien sûr, au plan macroscopique, existe une certaine
indifférence de l'espace et des objets : on déplace sans problème tel ou tel d'entre eux. Mais en structure fine, il en va
autrement. « Tout changerait, écrit Bachelard (p. 226), si nous
voulions intervenir entre matière fine et espace fin et délier
ainsi les véritables nœuds du réel qui réunissent dans l'infiniment petit les différentielles du temps, de l'espace et de la
matière ». Là, la propagation des différents phénomènes n'est
explicable que par une solidarité de proche en proche. L'Univers apparaît ainsi, dans son fond, *réticulé*. En de longues
pages inspirées tour à tour d'Eddington et de Brunschvicg,
Bachelard essaie à la fois d'affirmer la valeur informante de la
géométrie relativiste et de lier la conception de l'espace et
l'expérience de l'espace[2], la bonne question n'étant pas de se
demander « comment le réel peut-il être géométrique ? » mais
« dans quelles conditions le géométrique peut-il devenir un
réel ? ». Bachelard accorde ainsi une valeur particulière à la
formule d'Eddington : « la matière n'est pas cause mais in-

1. Bachelard cite M. Schlick, *Raum und Zeit in der gegenwärtigen Physik.
Zur Einführung in das Verständnis der allgemeinen Relativitätstheorie*, Berlin,
Springer 1917.
2. L. Brunschvicg, *L'expérience humaine et la causalité physique*, Paris,
Alcan, 1922.

dice », formule qui, selon lui, modifie les idées des relations sur l'*a priori* et l'expérimental. et est susceptible de déterminer toute une philosophie nouvelle, une véritable révolution einsteinienne de l'idéalisme. Poincaré en restait à un conventionnalisme abstrait. Avec Eddington, la description du réel physique, parfaitement mathématisé, devient non seulement rationnelle et attachée à un système cohérent de repères, mais touchée par une axiomatique – la manière dont se comporte la matière étant décrite par la géométrie de l'espace-temps[1]. Einstein est donc applaudi par Bachelard (p. 232) pour avoir voulu « dissoudre les caractères matériels par des voies et moyens entièrement mathématiques ». Le philosophe penche ainsi sans conteste en faveur de l'interprétation radicale d'Eddington pour qui l'identité des tenseurs physiques fondamentaux et des tenseurs de la géométrie riemannienne témoigne d'un « phénoménisme bien équilibré ». Evidemment, au-delà d'un certain seuil, la géométrie, à cette époque, n'explique plus rien, et donc, l'illusion réaliste persiste. Il est alors tout à fait remarquable que Bachelard, constatant avec certains physiciens[2] que cette limite de toute mesure suggère l'existence d'une « géométrie non-archimédienne »[3], ait aussi

---

1. A. Eddington, *Espace, temps et gravitation*, trad. fr. Paris, Hermann, 1921, p. 14. En étendant l'interprétation géométrique de la relativité générale à toutes les interactions fondamentales, les physiciens de la fin du xx e siècle ont été, là encore, dans le droit fil des propos de Bachelard. *Cf.* G. Cohen-Tannoudji, M. Spiro, *op.cit.* p. 201.

2. Th. Coppel, G. Fournier, D. K. Yovanovitch, *Quelques suggestions concernant la matière et le rayonnement*, Paris, Librairie Scientifique Albert Blanchard, 1928, p. 23. Dans le *Nouvel esprit scientifique*, 1934. p. 91, Bachelard reprendra la citation de Coppel, Fournier et Yovanovitch et plaidera à nouveau pour une physique non-archimédienne.

3. L'idée de géométries non-archimédiennes a été développée par Hilbert et Veronese, et commentée par H. Poincaré, *La Science et l'Hypothèse*, Paris,

eu l'intuition – extraordinaire en 1929 – d'une *physique non-archimédienne*, qui mettrait en relation la mécanique quantique et la géométrie non-archimédienne : « Quel est en somme le caractère d'une géométrie non-archimédienne? C'est de présenter des zones où la "mesure" ne peut pas pénétrer. Quelle est la conséquence des postulats quantiques? C'est également de figurer des éléments sans géométrie interne, à l'intérieur desquels aucune expérience ne peut pénétrer ». Ce qui limite l'expérience physique et aussi ce qui limite en principe l'expérience géométrique. Mais en portant la question dans la zone conceptuelle, c'est-à-dire sur le terrain de l'axiomatique, Bachelard envisageait sans doute déjà que ces limites puissent être dépassées. Cette prémonition s'est trouvée récemment vérifiée, et à un point qui va au-delà des espérances de Bachelard puisque, non seulement une physique non-archimédienne a pu effectivement se développer mais que le raccordement entre physique archimédienne et physique non-archimédienne s'inscrit désormais *au cœur même des mathématiques* et transpose la covariance intrinsèquement riemannienne de la théorie d'Einstein au plan d'une invariance par transformation des corps de nombres concernés (le corps des réels d'un côté, le corps des nombres *p*-adiques – non-

---

Flammarion, 1968, p. 73. Voir aussi, H. Poincaré, *Dernières Pensées*, Paris, Flammarion, 1913, Appendice, chapitre 1, §3. On peut consulter également : D. Hilbert, *Fondements de la Géométrie*, trad. fr. Paris, Dunod, 1971, p. 65-68; G. Veronese, *Fundamenti di geometria a più dimensioni e a piu specie di unità rettilinee esposi in forma elementare*, Padoue, 1891. Sur la géométrie non-archimédienne de Veronese, voir : P. Cantù, « Le concept d'espace chez Veronese, une comparaison avec la conception de Helmoltz et Poincaré », *Philosophia Scientiæ*, 13 (2), 2009, p. 129–149.

archimédien – de l'autre[1]). Cette preuve *a posteriori* de la pertinence des intuitions bachelardiennes, et qui les développe au-delà des restrictions que Bachelard a pu mettre ultérieurement à sa propre pensée, suffirait à prouver que *La valeur inductive de la Relativité*, indépendamment de ce que son auteur ou ses successeurs immédiats ont pu en penser, garde, au moins sur le plan historique, un immense intérêt.

En tout cas, la position bachelardienne, en 1929, revenait à considérer que toutes les propriétés de la matière (au-delà des divisions artéfactuelles entre mécanique et électricité) devaient être ramenées dans le cadre général d'une théorie complète. L'implication des propriétés, en réalité, était plus profonde que de telles distinctions et touchait l'ordre mathématique lui-même (p. 236). C'est en cela que consistait la cohérence. Non seulement la géométrie de Weyl opérait une soudure complète des deux domaines mais Eddington arrivait encore à donner une définition mathématique tensorielle du vide : l'égalité à zéro du tenseur de Riemann contracté. Le réel était ainsi posé comme une organisation qui découlait d'une nécessité mathématique[2]. Résultat de conditions mathématiques invariantes, il devenait une conquête et non une trouvaille. La mathématique était sa garantie.

---

1. Voir I. V. Volovich, « Number theory as the Ultimate Physical Theory », in *p-Adic Numbers, Ultrametric Analysis and Applications*, Vol. 2. No 1, 2010, p. 77–87. *Cf.* également : V. S. Vladimirov, I. V. Volovich, E. I. Zelenov, *p-adic analysis and mathematical physics*, Singapour, Wold Scientific Publishing Co., 1994.

2. Comme on le voit, on est assez proche ici, du platonisme, et pas très loin non plus, aujourd'hui, des positions, elles aussi très platoniciennes d'un Max Tegmark.

Le chapitre VIII (La conquête de l'objectif) tire alors toutes les conséquences philosophiques des analyses précédentes. Contre le réalisme, Bachelard défend désormais l'idée d'un rationalisme méthodique, la Relativité étant «un des plus méthodiques efforts de la pensée vers l'objectivité». Vraie avant d'être réelle, la théorie d'Einstein démontre que la vérité d'une doctrine n'est pas dérivée de sa réalité (p. 244). C'est bien plutôt l'inverse qui est vrai. Certes, logique et expérience, géométrie abstraite et concrète semblent s'opposer (p. 249), et le problème de la coïncidence des deux peut paraître insoluble. Mais, en réalité, la trajectoire de la réalisation de l'espace peut être suivie. On doit donc *postuler* le concret, mais en même temps le *critiquer*, et rejeter ce qu'il ne peut pas être. On rationalise ainsi la condition négative en utilisant le principe de raison suffisante. Ceci semble à Bachelard en accord avec l'idée d'une « géométrie vivante » au sens de Brunschvicg, qui peut être encore poursuivie plus loin puisque les structures mathématiques, désormais, pénètrent la théorie des nombres et rendent ses éléments aussi, sinon plus, objectifs que les éléments géométriques. Dans cette géométrie dont l'objectivation suit des arêtes vives, en totale opposition avec les douces inflexions de la grâce, les libertés énumérées et ordonnées attendent d'être reconnues par la conscience. Mais, dans un tel contexte, l'expérience, comme il a été déjà dit, tient désormais peu de place[1] : « L'expérience n'a plus pour rôle

---

1. Il est vrai, comme le souligne G. Chazal dans une lecture avec laquelle nous consonnons très largement, qu'en 1929, les expériences susceptibles de vérifier la Relativité n'étaient pas très nombreuses. En ce sens, G. Chazal montre aussi que l'évolution ultérieure de Bachelard pourrait aussi être due au fait que la science a elle-même évolué et que son centre de gravité, dans la première moitié du XXe siècle, s'est déplacé de la théorie de la relativité vers la

que de mesurer nos actes déployés, et les divergences qu'elle peut déceler ne sauraient entamer le cristal de nos gestes, pur et coordonné, livré a priori par notre volonté» (p. 254). La dernière phrase de *La Valeur Inductive de la Relativité* sera évidemment contredite par toute l'évolution ultérieure de la philosophie de Bachelard, qui ne cessera ensuite de réhabiliter l'expérience mécanique, physique ou chimique et de valoriser non seulement les transcendances expérimentales mais les appareils techniques qui les rendent possibles. Il reste que la physique du XXe siècle, et plus encore peut-être celle du début du XXIe (en tout cas si l'on considère les théories-cadres qui continuent d'en orienter les progrès), s'est plutôt développée dans le prolongement de ce livre renié que de ceux qui ont pu faire, ultérieurement, la célébrité de l'auteur et sa faveur auprès des professeurs de philosophie et des spécialistes de l'image*.

Daniel PARROCHIA

---

mécanique quantique, ce qui expliquerait le relatif silence de Bachelard sur la théorie d'Einstein après le *Nouvel Esprit Scientifique*. Mais Bachelard, selon nous, a fait plus qu'«évoluer». Il a carrément changé. Voir G. Chazal, «Bachelard et la Relativité», dans *Cahiers Gaston Bachelard* n°12, Sciences, imaginaire, représentation : le bachelardisme aujourd'hui, p. 37-48.

   * *Note de l'éditeur*: en marge ont été maintenues les paginations de la première édition de 1929.

LA NOUVEAUTÉ DES DOCTRINES RELATIVISTES

I

Un des caractères extérieurs les plus évidents des doctrines relativistes, c'est leur nouveauté. Elle étonne le philosophe lui-même, devenu subitement, en face d'une construction aussi extraordinaire, le champion du sens commun et de la simplicité. Cette nouveauté est ainsi une objection, elle est un problème.

N'est-ce pas d'abord une preuve que le système n'est pas contenu tout entier dans ses postulats, prêt à l'explication, apte à la déduction, mais qu'au contraire la pensée qui l'anime se place résolument devant une tâche constructive où elle cherche les compléments, les adjonctions, toute | la diversité que fait **6** naître le souci de la précision ? Autrement dit, la nouveauté relativiste n'est pas d'essence statique ; ce ne sont pas les choses qui viennent nous surprendre, mais c'est l'esprit qui construit sa propre surprise et se prend au jeu de ses questions. La Relativité, c'est plus qu'un renouvellement définitif dans la façon de penser le phénomène physique, c'est une méthode de découverte progressive.

Historiquement parlant, l'apparition des théories relativistes est également surprenante. S'il est, en effet, une doctrine que des antécédents historiques n'expliquent pas, c'est celle de la Relativité. On peut dire que le premier doute relativiste a été apporté par Mach. Mais ce n'est alors qu'un doute sceptique ; ce n'est aucunement un doute méthodique susceptible de préparer un système. M. von Laue ne s'y est pas trompé. « La conception de Mach, dit-il, n'était jusqu'à fort peu de temps qu'une objection de sceptique à la conception dominante »[1]. En somme, la Relativité n'a de rapport avec l'histoire que sur le rythme d'une dialectique. Elle se pose en s'opposant. Elle exploite le terme jusqu'alors négligé d'une alternative initiale. On s'explique donc qu'elle rompe avec un enseignement et des habitudes particulièrement solides et qu'elle | apparaisse comme proprement extraordinaire.

La Relativité est-elle plus assurée et plus régulière dans sa filiation expérimentale ? Il ne le semble pas au premier abord. Elle est née, comme on le sait, d'une expérience manquée. Elle présente par conséquent une rupture avec un corps d'expériences qui avait fourni sur sa valeur une longue série de preuves. Dans l'esprit de beaucoup de ses critiques, la Relativité porte la peine de cette négation originelle et plus que toute autre doctrine elle doit convaincre de sa richesse expérimentale en apportant des phénomènes nouveaux.

1. M. von Laue, *La théorie de la Relativité*, trad. Létang, Paris, Gauthier-Villars, 1924, t. I, p. 12 ; *Cf.* H. Reichenbach, *Philosophie der Raum-Zeit-Lehre*, Berlin, Leipzig, Walter de Gruyter, 1927, p. 252.

Le Relativiste a d'ailleurs l'ardeur militante du novateur. Avant tout, il affirme sa foi réaliste, il se proclame physicien d'abord, il en appelle, du bon sens offusqué par les préjugés, au bon sens averti par une critique préliminaire – de l'expérience commune, à l'expérience raffinée. Il nous retourne l'épithète de métaphysicien : Nous étions pressés de choisir, pressés de conclure ; nous avons pris le chemin facile et commun, la route de la plaine, nous n'avons pas vu le sentier ascendant qui mène aux larges horizons, à ces centres d'observation où la vraie figure du pays apparaît enfin dans sa totalité et dans sa nouveauté.

C'est en effet à la fois à un élargissement incessant de la pensée et à une totalisation méthodique des phénomènes intuitivement divers que tend la Relativité et l'on devra reconnaître une | double source à la force inductive qui l'anime. Cette force **8** inductive s'appuie tour à tour sur des raisons expérimentales et sur des raisons d'ordre mathématique. Mais la convergence des résultats est si nette qu'on doit pouvoir montrer, dans la Relativité mieux qu'ailleurs, d'où procède l'unité de la pensée mathématique et de l'expérience. C'est cette unité qui doit relever le Relativiste de l'accusation de théoricien utopique. « En général, dit Bossuet, tout novateur est artificieux ». Cette critique ne saurait porter contre le système de A. Einstein, car la force d'expansion de l'idée relativiste coule d'un même centre et on peut la suivre jusqu'à ce qu'elle affleure dans l'expérience. On peut dire qu'en examinant le phénomène sur un plan théorique tout nouveau, la Relativité invente vraiment l'expérience, qu'elle crée son expérience. En fait la sensibilité du phénomène relativiste est telle qu'on ne voit guère quel sens on donnerait aux phénomènes nouvellement découverts en dehors des conceptions relativistes. Une si grande unité dans l'invention nous a paru mériter un examen particulier.

Malheureusement, cette marche de l'invention, nous n'avons pu la revivre que du dehors et d'une manière sans doute bien fragmentaire. Il n'appartiendrait qu'à ceux qui ont fait avancer la doctrine de nous livrer le dynamisme de leur

9 découverte et d'abord les toutes premières suggestions | par lesquelles l'analogie, la généralité, la dialectique, la fantaisie même ont éveillé l'invention. L'épistémologue ne dispose pas de ces confidences. Il ne peut étudier que les œuvres. Nous serions cependant payé de nos peines si nous pouvions engager les théoriciens à relier plus étroitement les preuves scientifiques et les preuves psychologiques, à nous donner enfin la préparation épistémologique complète de leurs découvertes. Ils auraient peut-être plus d'action en nous montrant leur pensée dans ses tâtonnements, dans ses défaites, dans ses erreurs, dans ses espérances que dans le brillant éclat d'une construction logique fermée sur elle-même, portant partout la marque de son achèvement. Cette construction, en effet, nous en comprenons le plan quand nous y avons enfin accédé, mais reste toujours inexpliquée la nécessité de construire. Pourquoi la pensée a-t-elle besoin de multiplier ses schémas ? Où trouvet-elle la première impulsion épistémologique ? Où réside le principe des rectifications incessantes ? Le réel est-il vraiment suggestif ? La pensée, par sa marche même, ne pose-t-elle pas le problème d'une véritable auto-suggestion logique ? Autant de questions que le philosophe devrait sans cesse poser au physicien et au mathématicien.

Nous voudrions donc avoir réussi à fixer l'attention sur quelques-uns des instants décisifs où la pensée s'enrichit

10 et s'éclaire. Tel fut du moins | notre but unique. Nous nous sommes efforcé de nous maintenir sur ce problème épistémologique particulier.

II

C'est de ce point de vue que nous avons étudié, en premier lieu, le lien des approximations newtoniennes et einsteiniennes. La précision des expériences réclamées par la théorie de A. Einstein est en effet d'un tel ordre qu'il faut d'abord rendre compte de sa nécessité. C'est en somme l'introduction indispensable qui doit répondre aux objections préalables du physicien livré au pragmatisme de la mesure. Cette introduction doit également servir d'argument pour lutter contre l'indifférence excessive de ces théoriciens qui ne voient dans un système scientifique qu'un moyen plus ou moins commode de résumer l'expérience. D'ailleurs, comme nous essaierons de le montrer, l'allure des approximations successives suit de très près les voies d'une induction.

Dans un deuxième chapitre, nous avons essayé de pénétrer au cœur même de l'induction mathématique et de montrer comment la pensée du mathématicien, en visant la généralisation systématique et maxima, entraîne finalement l'expérience hors de son domaine de premier examen. | La valeur 11 objective des doctrines relativistes nous a alors paru subordonnée à la valeur inductive de la pensée qui les anime.

Dans un troisième chapitre, nous avons entrepris de suivre, sous le nom de Relativation, le progrès, dans des voies multiples, de l'idée même de la Relativité.

Nous avons réuni dans une deuxième partie une suite de chapitres qui devraient éclairer, si nous avions pu seulement leur donner plus d'extension et de profondeur, tout ce qui confère de l'unité, de la continuité, de la coordination, de la nécessité à la pensée relativiste.

Enfin, nous avons rejeté dans une troisième partie des opinions plus philosophiques et plus personnelles que le lecteur pourra par conséquent examiner avec moins d'attention. Ces opinions sont relatives à la valeur objective des doctrines relativistes. Elles tendent à présenter la réalité elle-même comme le résultat d'une espèce d'induction ; elles correspondraient donc à une réalité qu'on trouve au sommet et non à la base d'un mouvement de pensée. Si nous avions raison jusque dans ces conséquences philosophiques du problème étudié, la Réalité devrait apparaître comme une conquête de l'Esprit, la conquête décisive et dernière de la pensée discursive.

LIVRE PREMIER

LIVRE PREMIER

CHAPITRE PREMIER

LES DOCTRINES DE LA RELATIVITÉ
ET L'APPROXIMATION NEWTONIENNE

I

On a coutume de dire que le système de Newton représente la première approximation de notre connaissance mécanique des phénomènes de la gravitation alors que le système d'Einstein réalise une connaissance plus poussée, plus fine, plus complète, qui retrouve d'ailleurs les résultats newtoniens par le jeu normal de simplifications numériques.

En elle-même, cette relation d'approximation des deux systèmes mérite l'examen.

D'abord d'une façon générale, la simple recherche | de la 14 précision pose toujours le problème de l'élargissement d'une doctrine. Elle est conduite sur un rythme dialectique qui prend prétexte de l'observation aberrante pour susciter la réforme de l'expérience. De cette manière, l'effort de précision se place juste à la jonction de l'observation et de l'expérimentation : d'une part, si l'on accepte d'être imprécis, l'observation se suffit à soi-même, elle n'a nullement besoin de détacher le fait de la loi ; d'autre part, si l'on veut préciser une observation, on devra trouver une méthode pour en sérier les éléments, pour déceler la sensibilité plus ou moins grande de ses conditions. On s'explique ainsi que des rectifications même faibles peuvent réclamer un remaniement des cadres fondamentaux de la théorie et appeler des expériences de vérification toutes nouvelles. Bref, la série des approximations successives se présente comme la filiation normale de l'expérience physique car c'est cette série qui traduit vraiment l'enrichissement de la pensée expérimentale. C'est d'ailleurs sur le terrain des corrections fines qu'on aura le plus de chance de saisir le jeu des schémas nouveaux proposés par la pensée pour saisir les perturbations d'un réel déjà retenu dans ses grandes lignes. Si une force d'induction soutient et dirige la pensée expérimentale, c'est dans le passage entre les deux approximations que cette force doit être à la fois la plus manifeste et la plus certaine.

15 | C'est donc, croyons-nous, en se plaçant de prime abord et franchement sur le terrain expérimental qu'il faut entreprendre de juger la Relativité si l'on veut la caractériser dans son progrès épistémologique décisif. Là, pas plus qu'ailleurs, on ne doit séparer le problème de l'élaboration de la doctrine, des conditions de son application. Le problème de l'approximation est déjà un problème théorique.

Ce n'est sûrement pas un simple hasard qui a placé toutes les expériences cruciales de la Relativité à un niveau de précision inconnu jusqu'ici. Il y a une homogénéité surprenante dans l'ordre d'approximation des trois ou quatre expériences relativistes et cette homogénéité rend plus nécessaire d'expliquer comment un enjeu aussi faible a pu soulever un si

grand débat dans des domaines aussi différents que l'électro-
magnétisme et la gravitation.

D'abord, si l'on prétend en juger simplement sur les
résultats, on se rend compte rapidement que les deux ordres de
l'approximation sont séparés par un véritable abîme numérique. Cette séparation dans la précision peut sembler définitive à certains physiciens de laboratoire et elle peut justifier
leur indifférence pour une doctrine qui prétend rectifier le
phénomène au delà de la limite de l'erreur expérimentale.
C'est une des raisons pour lesquelles H. Bouasse pose « la
question préalable contre la théorie d'Einstein ». | Que peuvent 16
les « trois phénomènes en 10^{-8} » des vérifications einsteiniennes contre les deux mille pages d'expériences fresnéliennes
qui conduisent à cette conclusion : « À l'approximation d'un
dix-millième au moins, tout se passe comme s'il existait
un milieu élastique indéfini, immobile, qui vibre transversa-
lement comme un solide et transmet les ébranlements lumineux ou hertziens »[1]. De sorte qu'en posant le problème sur
le terrain du nombre, les conclusions des deux adversaires
pourraient se placer l'une en face de l'autre, prudemment
à l'abri d'un jugement d'approximation, et schématisées sous
les deux formes suivantes : pour l'expérimentateur des gros
phénomènes comme ceux que manie H. Bouasse, l'éther
existe, à l'approximation de 10^{-4}. Mais pour les Einsteiniens, à
l'approximation de 10^{-8}, l'éther perd son existence physique
pour ne devenir qu'une expression purement mathématique.

Il est d'ailleurs curieux d'observer qu'à cette même
approximation de 10^{-8}, bien d'autres sécurités viennent à

---

1. H. Bouasse, *La question préalable contre la théorie d'Einstein*, Paris,
Blanchard, 1923, p. 10.

faillir. É. Borel a donné plusieurs raisons qui fixent précisément à ce niveau la limite de certitude de notre géométrie. D'abord, les solides ne peuvent être définis sans tenir compte de toutes les causes qui en perturbent la figure, la grandeur, la stabilité. Ensuite, la | nécessité d'étudier un solide à des instants qui peuvent sans doute être très rapprochés, mais qui n'en sont pas moins différents, nous interdit de postuler l'identité. Dans l'intervalle de nos examens les propriétés géométriques ont nécessairement varié et « ici encore, nous trouvons la limite de la géométrie vers la huitième décimale »[1]. Ainsi on ne peut saisir l'espace physiquement sans une interférence de deux incertitudes qui viennent l'une de nos instruments et de nos lentes méthodes, l'autre du réel même, qui sans cesse fléchit et tremble. Mais ce qui est frappant c'est que l'épaisseur de cette zone où jouent nos indéterminations, comparée à la valeur de ces déterminations elles-mêmes, se compte par quelques milliardièmes.

Voilà donc l'existence de l'éther et l'existence des solides géométriques toutes deux comptables du même taux d'erreur. La sécurité conditionnelle que postule leur usage a juste la même étendue. C'est peut-être un hasard. Mais c'est un fait et ce fait doit retentir sur le principe de la vérification. Cette vérification peut-elle être unilatérale ? Peut-elle, au gré du physicien, porter sur les caractères optiques ou sur les caractères géométriques ? Avons-nous bien, par exemple, des critères nets et distingués de la vérification spécifiquement et uniquement géométrique ? Il ne | le semble pas puisque toute mesure implique des conditions temporelles et par ce détour au moins des conditions relatives à la vitesse des signaux dans

1. É. Borel, *L'espace et le temps*, Paris, Alcan, 1923, p. 17.

l'éther. La vérification physique, dès qu'elle prétend être fine, nous apparaît donc comme *essentiellement* ambiguë. Cette ambiguïté provient, croyons-nous, de la similitude dans l'ordre de grandeur des erreurs interférentes.

Rien ne relie cependant nos exigences métriques, aussi notre sévérité peut fort bien se détendre dans un domaine déterminé sans faiblir dans un autre. Cette soudaine indulgence est, par exemple, extrêmement remarquable à l'égard des éléments dynamiques de la Mécanique classique. On n'a jamais vérifié avec la même rigueur, d'une part, les forces non équilibrées, les impulsions et, d'autre part, le cadre géométrique, particulièrement rigoureux, où ces forces développent leur action. La primauté de la géométrie euclidienne n'a peut-être pas d'autres causes que l'extrême finesse de la frange d'aberration qui entoure les déterminations dont sont susceptibles les solides. Comme les autres propriétés sont en général plus floues, ce sont les propriétés géométriques qui jouent le rôle de cadres. Autrement dit, les déterminations géométriques sont prises comme les axes des déterminations physiques, car elles apparaissent douées d'une stabilité relative manifeste.

Il peut donc sembler que la sécurité géométrique | soit **19** inattaquable physiquement parlant, et qu'un physicien pur, comme H. Bouasse, soit fondé à refuser l'examen d'erreurs plus fines que celles retenues par le laboratoire euclidien. Si l'on prétend cantonner la physique dans l'exactitude au dix-millième, la géométrie euclidienne doit être postulée comme parfaite, le temps comme absolu. Jamais la Relativité ne pourra s'introduire dans l'expérience de laboratoire ou du moins son action ne saura être qu'indirecte et même lointaine. Elle ne pourra valoir que comme hypothèse théorique de coordination et non pas comme organisation métrique. Cette hypothèse sera même obérée d'un lourd inconvénient puisqu'elle échappera aux règles de la vérification usuelle. Elle ne pourra guère valoir que par l'étendue ou la clarté de la synthèse spirituelle. Libre alors au physicien pragmatiste de vivre avec des synthèses inachevées, de rejeter l'audacieuse union de la gravitation, de la géométrie, du champ électrique. Travaillant sur un terrain particulier, il sera en droit d'admettre, comme une théorie fermée, le corps des principes newtoniens, homogènes à leur vérification.

20

| II

On peut d'ailleurs se demander si l'on a bien le droit de perfectionner numériquement les résultats newtoniens par des calculs appuyés sur les hypothèses relativistes. Ce problème de la jonction numérique de deux doctrines si diverses, E. Esclangon n'hésite pas à affirmer qu'il se trouve posé d'une manière incorrecte par la Relativité.

Considérons, par exemple, le déplacement du périhélie de Mercure. En réalité, cette planète est soumise à d'importantes perturbations qui font aussi varier le plan de son orbite. Il ne suffit pas d'obliger la Relativité à rendre compte du déplacement du périhélie dans ce plan, abstraction faite de la mobilité du plan expliquée par des perturbations qui seraient examinées du point de vue de Newton. Voici en détail l'objection de E. Esclangon :

> Comptée à partir d'un point *fixe* de l'écliptique, la longitude du périhélie, sur l'orbite à plan variable (incliné de 7° sur l'écliptique) de la planète, varie de près de 600" par siècle. Sur une orbite dont le plan est ainsi variable, la définition 21 du déplacement du | périhélie est nécessairement conventionnelle, en un sens arbitraire, puisqu'il est impossible de

considérer une direction fixe, à partir du soleil, s'appuyant sur l'orbite.

Or on peut résumer ainsi qu'il suit le principe de la vérification relativiste :

Appliquons d'abord la mécanique newtonienne pour calculer le mouvement complet de Mercure avec toutes ses importantes complications provenant des perturbations.

Nous constatons que le calcul ne cadre pas avec les observations. En particulier le déplacement du périhélie, qui est considérable, accuse sur les 600" observées un léger manque de 43" par siècle.

Résolvons d'autre part, au moyen de la théorie de la relativité le problème du mouvement de Mercure supposé *seul* en présence du Soleil. Nous constatons, sur l'orbite plane ainsi définie, un petit déplacement du périhélie égal précisément à ces 43" qui nous *manquent* dans la théorie de Newton.

Cette méthode de démonstration est défectueuse. Dans une première partie on applique la mécanique newtonienne, dans la deuxième, la mécanique relativiste.

Si la mécanique newtonienne est en défaut, elle l'est aussi dans la première partie. La méthode correcte consisterait à pouvoir dire :

1) La mécanique newtonienne accuse des | écarts **22** indiscutés et inexplicables entre le calcul et l'observation.

2) La mécanique relativiste, au contraire, appliquée exclusivement (et non pas en supplément à la théorie newtonienne) au *calcul complet du mouvement de Mercure*, en tenant compte de la présence des autres planètes rend parfaitement compte des observations [1].

En d'autres termes, si l'on veut garder la pureté théorique jusqu'aux applications, on n'a sans doute pas le droit de faire

---

1. E. Esclangon, *Les preuves astronomiques de la Relativité*, Paris, Gauthier-Villars, p. 11 ; repris du Bulletin Astronomique.

de la Relativité une théorie de deuxième examen qui viendrait achever la théorie plus ou moins grossière de Newton.

En fait, l'ordre de l'utilisation des systèmes relativistes et newtoniens est encore plus paradoxal. On commence par traiter en suivant les principes relativistes le mouvement d'une planète isolée et unique en présence du soleil. Et l'on garde, pour le calcul des perturbations apportées par la présence des autres planètes, les hypothèses newtoniennes. C'est cette fois l'attraction newtonienne qui passe au rang de théorie de deuxième examen. On corrige ainsi, pour parler comme F. Gonseth, l'incertain par l'inexact.

La Relativité devrait reprendre la synthèse à sa base et la pousser jusqu'aux perturbations. Même numériquement parlant, il est nécessaire qu'un système unique nous donne à
23 la fois la partie entière et la partie décimale de toutes les | déterminations qualitatives. L'application numérique ne doit pas effacer complètement les voies qui la préparent. C'est à cette condition d'ailleurs qu'on pourra être certain que la rectification est un problème d'ensemble, qu'elle ne va ni au delà ni en deçà du problème proposé et qu'en particulier elle joue juste dans les limites des autres inégalités planétaires qui touchent d'autres éléments que le périhélie.

D'un autre côté, en examinant dans une pensée dynamique les rapports d'approximation du newtonien à l'einsteinien, on voudrait que le caractère de la première approximation puisse servir de base à la deuxième. Il faudrait, par exemple, qu'on puisse inférer des doctrines newtoniennes aux théories relativistes. Si discontinus que soient les ordres de la précision, il faut qu'on puisse les classer l'un par rapport à l'autre, en conservant trace de leur origine théorique. C'est à cette seule condition que l'effort de rectification se rattache correctement au premier essai de détermination.

Enfin l'organisation numérique einsteinienne apporte une telle finesse à l'examen astronomique, qu'on peut être pris de la crainte soudaine de manquer de sécurité dans des données fournies de toute évidence par une observation qu'on peut qualifier de newtonienne. C'est là un scrupule qui vient également à l'esprit de E. Esclangon. | En ce qui concerne le dépla- 24 cement séculaire du périhélie de Mercure « s'il est vrai que le principe de relativité généralisé fournisse exactement ce nombre de 43", il est moins sûr que ce soit rigoureusement cette quantité qui échappe à la mécanique newtonienne ». Toutes les déterminations newtoniennes sont solidaires.

> Tel autre astronome qui se proposerait de reprendre une nouvelle détermination de l'ensemble des constantes astronomiques, amené à les discuter dans leur ensemble, pourrait être conduit à leur donner, à chacune individuellement, des valeurs différentes de Newcomb ; car il y a nécessairement en ce problème compliqué une part inévitable laissée à l'interprétation du calculateur [1].

N. R. Campbell présente incidemment une objection qui résume les deux critiques de E. Esclangon.

> La valeur 43" n'est pas ce qui a été directement observé ; c'est seulement ce qui reste après que d'autres corrections ont été retranchées et pour cette raison il est possible qu'elle soit affectée d'une erreur considérable ; en fait l'erreur probable est environ la moitié de sa valeur [2].

Ainsi, dans sa valeur même, comme dans sa provenance, le nombre 43" manque de certitude du côté newtonien. Ce n'est

1. E. Esclangon, *Les preuves astronomiques de la Relativité*, *op. cit.*, p. 10.
2. N. R. Campbell, *Théorie quantique des spectres. La Relativité*, trad. Corvisy, Paris, Hermann, 1924, p. 216.

sûrement pas la valeur exacte et directe de l'aberration qui
25 poserait un problème non résolu mais bien déterminé | aux
investigations d'une théorie plus fine. Ce n'est donc pas
une preuve péremptoire du pouvoir de la rectification einsteinienne que de combler exactement un intervalle si mal fixé.
Comme le dit E. Esclangon, l'explication du déplacement du
périhélie de Mercure est dans les doctrines relativistes, plutôt
trop remarquable, trop parfaite.

Jean Chazy met en garde contre la séduction d'une réussite
aussi grande.

> Dans un phénomène physique d'une telle complexité, une
> mesure entachée d'une erreur relative de $1/20$ ou de $1/10$
> serait encore excellente… En toute impartialité, dans l'état
> actuel de la science, l'argument tiré en faveur de la théorie de
> la Relativité de la valeur de l'avance du périhélie de Mercure
> n'a pas, ne peut avoir le caractère absolu que croient
> certains[1].

En résumé, examinés du simple point de vue du nombre –
principe si apte pourtant à effacer des différences – les deux
systèmes newtonien et einsteinien paraissent sans ressem-
blance, sans lien, sans parenté inductive. Le système ancien
n'est pas naturellement continué par le système moderne.

26 | III

À bien des points de vue d'ailleurs, le système newtonien
devait paraître fermé sur lui-même, achevé dans son principe

---

1. J. Chazy, *La théorie de la Relativité et la Mécanique céleste*, Paris,
Gauthier-Villars, 1928, t. I, p. 180.

comme dans son application : Il portait les traces intuitives de sa perfection ; l'algèbre où il se développait était d'une simplicité manifeste ; son application enfin se révélait susceptible d'être poursuivie sans arrêt et d'atteindre ainsi une précision indéfinie. Trois raisons de solidité, trois garanties d'achèvement que nous allons caractériser rapidement.

Du côté intuitif, le fait que l'attraction se répand dans toutes les directions, de sphères en sphères concentriques, semble exiger la loi newtonienne de décroissance. C'est si vrai qu'un des obstacles, qui ont empêché Képler de choisir l'attraction en raison inverse du carré de la distance, est la croyance où il était qu'on devait expliquer, par le principe même de la loi d'attraction, le fait que toutes les planètes se déplacent à peu près dans le plan de l'écliptique. Cela l'incitait à chercher une attraction qui ne décroîtrait que comme le rayon des orbites puisque cette | attraction ne se propageait que dans **27** un plan, de cercles en cercles concentriques. Tant il est vrai, comme nous en aurons bien des exemples, qu'il est difficile de fixer l'appareil théorique d'un problème posé en termes expérimentaux et d'apprécier les justes limites d'une théorie et de son application.

Le progrès intuitif de Képler à Newton a consisté précisément en un reclassement relatif des faits et de la théorie. Dans la science des Newton et des Laplace, que les planètes se déplacent en restant au voisinage d'un plan commun, ce n'est plus qu'un fait ; on en rendra compte en déterminant un fait antécédent qu'on cherchera dans l'histoire de la nébuleuse ; au contraire, que les planètes décrivent des ellipses dans ce même plan, c'est la trace d'une loi.

La simplicité d'expression mathématique de la loi devait aussi confirmer cette valeur intuitive. L'idéal de simplicité fut souvent invoqué dans un véritable esprit finaliste. Précisément, Paul Janet rappelle le débat entre Clairaut et Buffon[1]. «Clairaut, dit Laplace, soutenait que la loi de Newton, réciproque au carré des distances, n'est sensible qu'aux grandes distances, mais que | l'attraction croît dans un plus grand rapport quand la distance diminue. Buffon attaquait cette conséquence en se fondant sur ce que les lois de la Nature doivent être simples, qu'elles ne peuvent dépendre que d'un seul module, et que leur expression ne peut renfermer qu'un seul terme. Or Clairaut reconnut qu'en poussant plus loin le calcul, la loi exprimait rigoureusement le résultat des observations» et Paul Janet conclut avec Laplace: «Ce fut le métaphysicien qui eut cette fois raison contre le géomètre».

La fécondité de la déduction qui doit retrouver des lois aussi simples que les lois de Képler est de toute évidence liée au caractère très simple de l'hypothèse de l'attraction en raison exactement inverse du carré des distances. C'est un fait d'une grande portée mathématique et d'une grande profondeur que la fonction primitive de $1/r^2$ soit $-1/r$ puisque nous sommes redevables à cette relation de toute la théorie simple et maniable du potentiel newtonien. Les relations de la fonction $1/r$ avec le logarithme sont l'occasion d'une nouvelle richesse de déductions pour les applications qui utilisent les hypothèses de l'attraction newtonienne.

Avec Newton, à la naissance même de la Physique mathématique, on voit donc se constituer intuitivement les

---

1. P. Janet, *Les causes finales*, Paris, Librairie Germer Baillière et Cie, 1876, p. 282.

cadres *a priori* d'une | véritable mathématisation du réel. Si **29** l'on examine d'ailleurs le problème de l'application des hypothèses newtoniennes à des cas moins précis que les mouvements planétaires – par exemple au cas des expériences faites sur l'électricité statique et surtout sur le magnétisme – on ne peut manquer d'être frappé du souci de maintenir dans sa simplicité l'expression algébrique de l'attraction newtonienne. Comme le dit J. Wilbois, la loi de Coulomb qui fixe une attraction électrique en raison inverse du carré de la distance est, plutôt qu'une loi, un désir de loi. Elle est, sous le signe d'une pensée algébrique, posée *a priori*.

Du côté de l'application numérique, le système newtonien devait à bien des égards paraître garanti dans son intégrité. Étant données les perturbations planétaires, Newton s'était déjà demandé si l'on devait modifier la loi et il examina quelle était la sensibilité d'une correction vis-à-vis de l'exposant 2 qui caractérise son hypothèse. Pour cela il démontra que si l'on augmentait de $1/60$ seulement le coefficient deux de la loi il en résulterait par demi-révolution, du périhélie à l'aphélie de la Terre, une avance de 1°,30', ce qui était absolument incompatible | avec les observations[1]. Newton vivait en un temps où **30** le domaine de la précision paraissait d'une profondeur limitée et il pouvait trouver dans l'extrême sensibilité mathématique de sa loi une raison suffisante de sa rigueur.

Enfin, l'application unique de l'hypothèse newtonienne paraît de prime abord suffisante pour soutenir tout le processus d'approximation et l'approximation présente dans cette

1. Voir *Cours d'astronomie de Faye*, t. II, p. 135. Faye trouve la réponse de Newton péremptoire et conclut (1883) que «la loi de l'attraction n'est pas susceptible de modification».

hypothèse une espèce d'homogénéité qualitative très remarquable. En effet, alors que, dans les doctrines relativistes, l'approximation plus poussée suscite des qualités entièrement nouvelles – en réclamant par exemple qu'on substitue des cadres riemanniens aux cadres euclidiens – dans le système de Newton, c'est toujours la même hypothèse qu'on pose simplement à différents niveaux. En fait, dans l'esprit de la science newtonienne, les problèmes de l'application de la loi paraissent être séparés d'une manière absolument infranchissable du problème de la détermination de la loi. Autrement dit, dans les applications les plus compliquées, les principes et les formes algébriques de l'attraction newtonienne doivent garder leur pureté parfaite. Si, en les appliquant, il se révèle

31 quelques flottements, *on s'interdira de | porter jusqu'au principe initial l'effort de rectification.* Dans les perturbations planétaires, par exemple, on procédera à une application en quelque sorte redoublée des mêmes formes, en faisant entrer progressivement en ligne de compte l'action des corps en présence, en ordonnant en séries des attractions entièrement newtoniennes et en se bornant à les frapper de coefficients convenables qui permettront finalement de plier les séries jusqu'à ce qu'elles touchent les faits. Mais, dans la généralité des cas, le formalisme fondamental restera de toute évidence sans exception, sans correction. Ce caractère d'auto-rectification a été remarqué par Léon Bloch :

> C'est un des caractères originaux de la loi de gravitation universelle que ce perfectionnement successif dont elle est susceptible. Avant Newton, on ne connaissait pas de loi qui pût de la sorte se compléter elle-même. Les théorèmes de Descartes sur les mouvements célestes étaient nécessairement faux ou nécessairement vrais. Ils ne pouvaient être admis comme approximation première sauf à expliquer les

inégalités d'observation par une application des mêmes théorèmes[1].

| IV   **32**

Une telle force de pénétration des approximations newtoniennes rend finalement plus étonnantes les résistances soudaines de certains faits. L'avance du périhélie de Mercure peut servir de symbole à ce scandale de la raison. Le Verrier déclare justement au seuil de son livre :

> Nulle planète n'a demandé aux Astronomes plus de soins et de peines que Mercure, et ne leur a donné en récompense tant d'inquiétudes, tant de contrariétés. En les comparant à celles dont le mercure terrestre était la source pour les alchimistes, Riccioli n'a fait qu'émettre l'opinion des Astronomes de son temps, et celle de ses prédécesseurs. Si je connaissais quelqu'un, dit Mœstlinus, qui s'occupât de Mercure, je me croirais obligé de lui écrire pour lui conseiller charitablement de mieux employer son temps. Les Astronomes qui, depuis Mœstlinus et Riccioli ont eu le malheur de s'attacher à la théorie de Mercure, Lalande en particulier, ont dû plus d'une fois se ranger à leur avis[2].

Aujourd'hui encore l'ère des difficultés n'est pas close et il paraît plus difficile que jamais d'apporter à l'ensemble du monde solaire | un plan général de corrections newtoniennes. **33** Examinons donc, à propos du mouvement de Mercure, les difficultés épistémologiques que soulève l'énorme problème

---

1. L. Bloch, *La philosophie de Newton*, Paris, Alcan, 1908, p. 303.
2. Le Verrier, *Théorie du mouvement de Mercure*, Bachelier, Bureau des Longitudes, 1845, p. 4.

des perturbations astronomiques. Aussi bien, nous ne pourrons comprendre la portée de la rectification relativiste que si nous nous sommes d'abord rendus compte des essais de rectification newtonienne.

Indépendamment de la Relativité, on a tenté de trouver l'explication de ces perturbations dans deux voies très différentes :

Ou bien, on tente de rectifier la loi de Newton elle-même ;

Ou bien, on ne modifie que les conditions de son application.

Sans prétendre être complet, essayons de caractériser ces deux procédés de rectification qui ont vis-à-vis du dynamisme épistémologique des sens si divergents.

Puisqu'en toute rigueur les planètes ne se meuvent pas sur des ellipses fixes et fermées ne faut-il pas mettre la cause perturbante au même rang que la cause générale et abandonner la forme algébrique simple de la loi d'attraction ? C'est ce qu'entreprit un astronome profondément attaché à la précision des observations. Asaph Hall, prenant les observations pour base, détermine (1895) la valeur empirique du coefficient qui devrait remplacer l'exposant 2 de l'attraction newtonienne. Il trouve, 2,0000001612 (nombre rectifié par Newcomb). Cette correction qui dépasse à peine le 10^{-7} est bien éloignée du $1/60$ qui avait assuré le dogmatisme théorique de Newton. Elle rentre, à peu de chose près, dans cette zone de précision accentuée où bien des théories modernes prennent soudain, comme nous en avons fait la remarque, une figure nouvelle. On démontre que cette nouvelle loi n'introduit pas d'inégalités séculaires sensibles sur les autres caractéristiques des orbites, elle ne touche que les périhélies qui se trouvent avancés à peu près d'accord avec les observations, qu'il s'agisse, en particulier, de Mercure ou de Mars. Newcomb croyait même trouver dans la loi de Hall une explication de l'avance du périgée de la Lune. Mais à la suite des recherches modernes, une nouvelle théorie de la Lune a été proposée, on a reconnu qu'on ne pouvait appliquer la loi de Hall au mouvement de la Lune qu'en modifiant la constante universelle de l'attraction entre la Terre et son satellite. On est donc de toute évidence sur la pente de l'empirisme absolu. Chaque cas réclame une correction spéciale. Non seulement la correction est complexe, mais elle n'est pas absolument déterminée, puisqu'il est des cas où deux incertitudes empiriques interfèrent. C'est ce qui justifie pleinement la conclusion de | Jean Chazy[1]. Les **35** Analystes éprouveraient une véritable répugnance « à détruire la belle simplicité de la loi de Newton pour introduire dans la loi d'attraction un exposant de la distance complexe et indéterminée ».

À vrai dire, la rectification de l'exposant n'est pas la seule concevable et l'on pourrait se demander si l'idéal de simplicité newtonien correspond bien, mathématiquement parlant, à une raison suffisante. Ainsi un des plus importants théorèmes sur l'attraction est peut-être celui où Newton démontre qu'une mince couche sphérique n'exerce aucune action sur une particule placée dans son intérieur, à la seule condition qu'on ait affaire à une attraction ou à une répulsion inversement proportionnelle au carré de la distance. Cavendish a fort bien résumé les conséquences de ce théorème. « Il suit de cette démonstration, dit-il, que si la répulsion varie inversement suivant une plus grande puissance de la distance que le carré, la particule

---

1. J. Chazy, *La théorie de la Relativité et la Mécanique céleste, op. cit.*, p. 223.

sera repoussée vers le centre ; et si la répulsion varie inversement suivant une puissance de la distance plus petite que le carré, cette particule sera repoussée vers la périphérie ». Todhunter, auquel nous empruntons cette citation de Cavendish, ajoute avec finesse :

36   Si l'on impose à la loi de l'attraction | ou de la répulsion d'être celle d'une puissance simple de la distance, il suit qu'une particule ne sera pas au repos quand elle sera placée en un point quelconque à l'intérieur de la couche sphérique, à moins que la loi soit celle de l'inverse du carré. Mais cette conclusion ne s'applique pas si la loi est supposée simplement être exprimée par une certaine fonction de la distance, comme par exemple $hr^m + kr^n$ où r indique la distance, et les autres lettres des constantes [1].

En réalité, en se cantonnant dans le problème précédent, on peut remarquer que Laplace a établi des lois de force du type en question où $m = 1$ et $n = 2$, tel par conséquence que : $Ar + B/r^2$. C'est en imposant la condition que l'action s'annule à l'infini que Laplace conclut que $A = 0$ et retrouve ainsi la loi de Newton [2]. Mais cette condition supplémentaire ne peut pas toujours valoir dans toutes les applications et nous nous trouvons ici en présence d'un principe épistémologique sur lequel nous reviendrons à plusieurs reprises : il faut, croyons-nous, replacer les conditions de l'*application* de l'hypothèse au rang des conditions de *formation* de l'hypothèse. À séparer l'épistémologie en deux temps : un temps théorique et un temps d'application pratique, on risque de prendre un accord

37 pragmatique | et isolé pour un accord réel et général. Sur le

---

1. I. Todhunter, *A history of the mathematical theories of attraction and the figure of the earth*, London, MacMillan and Co, 1873, t. I, p. 449.

2. Voir *Œuvres de Laplace*, t. I, Paris, Imprimerie Royale, 1843, p. 159 *sq.*

problème présent, si l'on transporte assez facilement l'hypothèse newtonienne simple au cas où l'on considère des corps éloignés les uns des autres, si un théorème permet de substituer, à un astre sphérique, son centre pourvu d'une masse égale à la masse entière, il n'en va pas de même quand les corps en présence ont des formes différentes et sont très rapprochés. Ainsi un des plus difficiles problèmes a été de fixer les caractères de l'attraction d'un ellipsoïde. Un siècle à peine a suffi à le résoudre. D'autre part, au sein d'une nébuleuse, les conditions de l'application apparaissent nettement susceptibles de réagir sur l'hypothèse elle-même. Précisément Faye a été amené à imaginer une évolution de la loi d'attraction qui suit l'évolution physique de la nébuleuse. Au début, l'attraction à l'intérieur de la nébuleuse serait donnée par la loi Ar, puis finalement dans l'état de résolution similaire au système solaire par la loi B/r^2. Il y aurait alors une période intermédiaire où la loi serait indiquée par la formule de Laplace $ar + b/r^2$ [1].

On a cherché enfin à rectifier la loi de Newton en s'écartant de la gravitation pure, en rattachant | par exemple les lois **38** de l'attraction à des théories électrodynamiques, au magnétisme… Mais ces lois sont toutes d'une construction plus ou moins arbitraire. Elles impliquent un véritable finalisme de l'explication, elles visent avant tout à rendre compte d'un thème empirique. Elles ne sortent pas par des voies inductives ou logiques d'une pensée newtonienne et, de toute manière, elles laissent inexpliqué le succès pour le moins provisoire de la loi fondamentale de Newton. Enfin par leur nombre même, toutes ces lois prouvent que les corrections qui apportent des

1. Voir H. Poincaré, *Leçons sur les hypothèses cosmogoniques*, Paris, Hermann, 1913, p. 71.

variations à la loi de Newton ne satisfont ni la pensée, ni l'observation.

C'est donc à un tout autre point de vue qu'il faudra se placer pour expliquer la coordination du monde en retrouvant et en informant l'immense réserve des observations.

Nous voulons donc maintenant examiner la deuxième catégorie des essais pour utiliser sans modification la loi de Newton en reportant aux seules conditions de son application la tâche d'expliquer les perturbations.

Pour rendre compte de l'avance du périhélie de Mercure, Le Verrier propose d'abord l'existence d'une planète inconnue, suivant en cela l'inspiration qui, dans un cas semblable, l'avait amené | à la découverte de Neptune. Mais cette planète ne se présente dans aucune observation. Étant donnée la précision avec laquelle le calcul des perturbations permet de fixer les éléments de son orbite, il est hautement improbable qu'elle échappe à l'attention des astronomes. Il faut rejeter cette hypothèse. Il en va de même de l'hypothèse d'un satellite de Mercure. On a tenté encore d'attribuer la perturbation de Mercure à l'action d'une matière diffuse qui paraît occuper le centre du système solaire et être la cause de la lumière zodiacale. Mais il ne semble pas que cette matière puisse avoir une masse suffisante pour rendre compte des phénomènes.

On voit d'ailleurs que toutes ces suppositions relèvent d'une même méthode. Elles tendent à transformer une description cinématique des mouvements célestes en une description dynamique. Mais, de l'une à l'autre, quel déclin dans la précision ! Comment d'ailleurs aller, en gardant la précision, de la cinématique d'un astre réel à la cinématique d'un astre supposé si l'on passe par l'intermédiaire de diverses masses si mal connues qu'elles sont presque arbitraires ? On ne saurait prendre à ce sujet un exemple plus topique que celui de Mercure. « Pour donner une idée de l'ignorance où l'on se trouvait (en 1845) au sujet de la valeur de la masse de Mercure, dit Jean Chazy[1], indiquons que | Le Verrier donne la justi- **40** fication suivante de la valeur provisoire *1 : 3000000* (la masse du soleil étant prise pour unité, celle de Mercure serait trois millions de fois plus petite). Laplace avait remarqué que les densités de la Terre, de Jupiter et de Saturne sont sensiblement en raison inverse de leurs distances au Soleil, et, étendant à Mars et à Mercure la même loi, qui n'est valable ni pour Vénus, ni pour Uranus, avait déduit des diamètres apparents une valeur voisine de *1 : 2000000* pour la masse de Mercure. Le Verrier abaisse cette valeur à *1 : 3000000* en considération des perturbations que Mercure a fait subir à la comète d'Encke au moment du passage de cette comète au périhélie en 1838. Aussi Le Verrier dit-il à plusieurs reprises dans ses Mémoires que la masse de Mercure est à peu près arbitraire ». On est donc nettement engagé dans des corrections uniquement empiri- ques. Le fait qu'on réserve la loi de Newton intacte ne doit pas faire illusion. Même dans le cadre de cette loi, il reste place pour l'arbitraire et on détermine la cause à la juste mesure de l'effet sans prendre réellement contact avec cette cause. Les résultats d'une telle méthode, s'ils ne sont pas reliés immé- diatement par des recoupements nombreux et divers, restent formels.

Ce caractère d'explication empirique est encore plus évident dans une hypothèse par laquelle nous voulons conclure cet examen des essais de | corrections newtoniennes. **41**

---

1. J. Chazy, *La théorie de la Relativité et la Mécanique céleste, op. cit.*, p. 147.

Newcomb a proposé d'expliquer l'avance du périhélie de Mercure par un léger aplatissement du globe solaire. On démontre en effet que l'attraction d'un sphéroïde aplati décroît plus rapidement que ne l'indique la loi de l'inverse exact du carré. Nous retrouvons donc les résultats obtenus par la correction d'Asaph Hall. Ainsi, qu'on suppose simplement un aplatissement du globe solaire, et voilà la loi de Newton corrigée, non pas dans son principe, mais dans son application. Elle reste absolument vraie de points matériels à points matériels. C'est seulement le groupement des points dans une forme non totalement sphérique qui porte la charge de la perturbation. L'explication garde donc ses simples schémas, elle touche le fait sans s'obscurcir, elle abandonne au fait toutes les raisons de complexité. Mais cette conquête d'une épistémologie claire est-elle vraiment solide ? De toute évidence il reste, en sens inverse, à calculer l'aplatissement du Soleil en fonction de l'avance du périhélie et à se référer aux observations. C'est à cette seule condition que l'explication numérique achèvera le cycle commencé par l'explication théorique. Newcomb a alors déduit un aplatissement qui ne dépasserait guère la quatre-millième partie du diamètre. Mais l'observation (pourtant très fine) ne confirme nullement cet aplatissement. La réussite numérique est donc loin d'être réciproque.

42 Elle devrait | d'ailleurs se répéter et permettre de fixer des avances analogues pour les périhélies des autres planètes. Sans doute ces derniers périhélies sont difficiles à fixer par l'observation en raison du peu d'excentricité des orbites et l'on se rend compte que tout le long de la déduction on perd peu à peu tout contrôle précis. La correction de Newcomb, comme les autres, tombe ainsi sous l'objection d'invoquer une quantité occulte. Il y a, là encore, un finalisme numérique qui doit sembler artificiel.

Ainsi, à quelque moment qu'on entreprenne la rectification, que ce soit dès le principe fondamental de la gravitation ou seulement dans le problème de son application, il faut toujours en venir à introduire l'empirisme dans la construction newtonienne. Cette construction n'achève donc pas son élan théorique. Newton n'a-t-il pas pensé que Dieu lui-même se heurtait à cet empirisme envahissant ? « Il croyait, dit Arago[1], qu'une main puissante devait intervenir de temps en temps pour réparer le désordre ». Ce désordre c'est finalement, au sens de H. Bergson, un ordre mal compris. On a égalé la généralité à une théorie des phénomènes d'ensemble ; on n'a pas vu qu'elle avait d'abord sa place dans le phénomène de détail. Le problème des perturbations doit | être associé au 43 problème initial des trajectoires ; ces deux problèmes sont aussi instructifs, aussi indicatifs l'un que l'autre. Il faut saisir leurs liens réciproques. Ce ne sera pas un des caractères les moins merveilleux de la Relativité que d'avoir apporté un système susceptible à la fois d'une extrême généralité et d'une application assez fine, assez complexe pour retenir dans ses cadres généraux les phénomènes aberrants.

V

Examinons donc ce qui nous paraît vraiment nouveau dans le problème de l'application des théories relativistes.

En se plaçant au point de vue des approximations – point de vue auquel on est bien forcé d'arriver pour juger d'une théorie

---

1. F. Arago, *Notices scientifiques*, t. III, Paris, Librairie des sciences naturelles, Théodore Morgand, p. 475.

physique – on ne voit rien dans le système de Newton qui puisse faire prévoir le système d'Einstein et réduire ainsi la nouveauté vraiment transcendante du système moderne. Aucune voie d'inférence ne permet d'avancer du premier au second. Si maintenant l'on songe que, sur le terrain des applications, les traits de la première approximation demeurent d'habitude visibles sous la deuxième, comme les axes de cette

44 rectification, | on ne se reconnaîtra sans doute plus le droit de parler d'une relation d'approximation entre les systèmes de Newton et d'Einstein. D'ailleurs nous avons vu à quel point les déterminations newtoniennes peuvent, tout compte fait, être parfaites numériquement. Si le système d'Einstein ne visait qu'à perfectionner la réussite numérique, ce ne serait peut-être pas la peine de bouleverser les habitudes de notre pensée pour augmenter la précision atteinte dans le système de Newton.

Mais nous allons montrer que la rupture entre les deux méthodes est vraiment irrévocable, et qu'elles suivent, jusque dans leur essai de précision, deux ordres de pensée entièrement hétérogènes. En effet, non seulement nous n'avons pu établir aucune méthode pour nous exhausser de Newton à Einstein, mais encore la relation inverse qui retrouverait le système de Newton en vertu d'une approximation effectuée à partir du système d'Einstein nous semble très mal dénommée par le mot approximation.

De l'un à l'autre système, il ne s'agit pas en effet de négliger des décimales, de porter la simplification au sein d'une espèce de matière numérique, qui se présenterait avec homogénéité, comme une quantité pure. On a affaire au contraire à une simplification d'ordre qualitatif. Ce n'est pas une *partie d'une chose* que le système newtonien néglige, ce

45 système néglige une *autre* | *chose*. Et ce qui est négligé est susceptible de défigurer le problème. En faisant abstraction d'une courbure, le système méconnaît un caractère essentiel.

On objectera peut-être qu'entre la loi de Van der Vaals et celle de Mariotte qui donnent toutes deux, à des approximations différentes, la loi de la compressibilité des gaz, il y a également des caractères comme le co-volume que la loi simple laisse de côté. Mais du moins le rôle de ce caractère reste entièrement correctif, il est précisément postulé pour rendre compte de l'aberration de la loi fine autour de la loi simple. Ce moyen d'explication complémentaire ne pénètre pas jusqu'au principe de l'explication fondamentale : en diminuant le volume laissé disponible aux molécules, la considération du co-volume ne change en rien le rôle du volume tel qu'il apparaît déjà dans la loi primitive.

Il en va tout autrement en ce qui concerne le système d'Einstein. En effet la deuxième approximation n'y jouera pas simplement un rôle correcteur mais elle portera ses transformations jusque dans l'intimité du système. Il y a là un caractère très spécial sur lequel nous voudrions attirer l'attention du philosophe.

En fait, on peut dire que c'est par l'osculation fine que la Relativité explique tout. Non seulement le différentiel y prime l'intégral, mais ce n'est qu'en deuxième approximation que les | faits physiques manifestent leur présence, la première **46** approximation n'étant qu'une organisation subjective de cadres. Autrement dit, tout le système, en tant qu'il appréhende les faits repose sur la dérogation à l'information newtonienne ou galiléenne ou encore, autre expression, c'est par l'écart avec les caractères galiléens que le système conquiert la Réalité. Un exemple décisif doit, croyons-nous, éclairer cette position paradoxale de l'épistémologie relativiste. Nous l'emprunterons à une application particulière très simple de la

formule de Schwarzschild. Si l'on considère cette formule
dans le cas du champ de gravitation d'un centre matériel isolé,
on trouve pour le terme d'espace de l'élément d'intervalle :

$$dl = \frac{1}{\sqrt{\gamma}} dr$$

r étant la coordonnée radiale d'un système de référence
polaire, coordonnée qui seule figurera si nous entreprenons de
mesurer l'espace dans la direction même de la particule
matérielle. C'est le terme γ qui contient la constante de la
gravitation newtonienne et il la contient de telle manière que ce
terme se confond avec l'unité si cette constante newtonienne
peut être négligée. C'est précisément ce qui arrive loin de
toute matière dans une région où les caractères euclidiens
reprennent toute leur pureté. D'ailleurs quand γ n'est pas égal à
47 l'unité, il est extrêmement peu | différent de l'unité. Pourtant,
ajoute J. Becquerel « c'est ce faible écart qui détermine *tous*
les phénomènes de la gravitation »[1]. Ainsi, du point de vue
algébrique, le système d'Einstein ne trouve la gravitation que
par une légère aberration aux formes en quelque manière *a
priori* de l'espace-temps euclidien.

Mais le paradoxe n'est pas encore achevé. Il prend même
un tout autre caractère quand on veut retrouver, à partir de la
mécanique relativiste, le point de vue newtonien. La mécanique newtonienne réclame en effet un espace absolument
euclidien. Et cependant en partant du système d'Einstein, si
nous nous plaçons dans un espace-temps euclidien, il n'y a
plus de champ de gravitation, par conséquent plus d'attraction
newtonienne. Le passage à la limite, sur le terrain même des

---

1. J. Becquerel, *Le principe de la Relativité et la théorie de la gravitation*,
Paris, Gauthier-Villars, 1922, p. 229.

approximations est donc vicieux et la loi de Newton ne peut être qu'un arrêt *tout à fait factice* de l'approximation einsteinienne. Vu du centre panoramique einsteinien, le système de Newton apparaît dans une véritable incorrection qualitative malgré sa correction quantitative très grande.

C'est là un fait analogue à l'adultération d'une équation différentielle par l'intervention d'un terme très petit et même évanouissant. Nous | avons montré ailleurs[1] que ce terme, **48** insignifiant numériquement, peut changer, du tout au tout, la nature analytique de la solution. Preuve que l'ordre d'importance numérique ne permet pas de préjuger de l'importance théorique et que la quantité elle-même a ses détails qui sont susceptibles de l'individualiser profondément. Dans des complexes de diverses quantités, une réaction est possible qui va du petit au grand, même numériquement parlant. Dès lors les voies d'une approximation doivent primer les résultats de cette approximation. Il faut surtout voir comment la réussite numérique s'organise. Sous ce jour, il est maintenant impossible qu'on ne soit pas séduit par la longue et lumineuse construction einsteinienne.

Replacée alors en face ou mieux au centre de la synthèse einsteinienne, la construction de Newton ne représente plus qu'un état de l'évaluation numérique. Par contre-coup, prise séparément, cette construction perd sa valeur réalistique pour ne garder qu'une valeur pragmatique. Détachée du système général, il semble que les liens qui la réunissent se desserrent, ou du moins on n'en voit plus le sens, on n'en éprouve plus la force. La correspondance du réel au mathématique devient un

---

1. Voir Bachelard, *Essai sur la connaissance approchée*, Paris, Vrin, 1928, p. 133.

fait et presque un fait sans raison ; cette correspondance
49 est simplement affirmée | dans le « comme si » qui cette fois
s'obscurcit en quittant la position centrale de la doctrine,
puisqu'il faut des mutilations extrêmement nombreuses pour
dégager la simple force newtonienne par l'analyse des symboles de Christoffel qui sont seuls susceptibles de constituer la
réalité dans sa totalité et par conséquent dans sa vérité. Cette
obscurité d'une approximation qui ne vaut plus que par son
pragmatisme se propage dans tout le système subitement privé
de la clarté que donne *la totalité des références réciproques*. Et
c'est le système d'Einstein, si difficile qu'en paraisse d'abord
l'expression mathématique, qui, en réfléchissant en tous sens
sa lumière, finit par guider clairement l'analyse et par présenter à sa vraie place, sous son véritable aspect, dans sa
fonction de simple approximation, le système newtonien.

Le caractère fermé, la pauvreté d'induction que nous avons
dû reconnaître à ce dernier système provient peut-être en partie
de la rapidité avec laquelle la théorie s'y résout en données
numériques. Ce n'est peut-être pas simple hasard que l'hypothèse newtonienne ait conduit, dans le problème des perturbations, à des séries divergentes dont les premiers termes
suivaient cependant d'abord l'allure de la convergence.
Le pragmatisme de la mesure peut sans doute accepter de
s'appuyer sur les termes initiaux de telles séries. Mais la
véritable individualité d'un développement en série réside à
50 l'autre extrémité, | dans le reste infini des termes évanouis-
sants. C'est là que les lois du développement sont inscrites.
D'une même façon, le nombre trop tôt utilisé peut troubler
et bloquer le jeu de diverses quantités. Un des principaux
avantages des doctrines de la Physique contemporaine, c'est
qu'elles réservent le plus longtemps et le plus complètement
possible la qualité étouffée numériquement. Elles préparent

ainsi des occasions de fructueuses inférences. Elles préviennent également de graves erreurs, car une variable étouffée peut tout à coup manifester sa présence par un caractère spécifique et grâce au jeu d'une simple transformation cette variable peut reprendre un rôle clair et important. C'est dans une telle atmosphère de généralité qu'on pourra établir des méthodes inductives si nécessaires au développement de la Physique mathématique.

L'INDUCTION MATHÉMATIQUE
DANS LES DOCTRINES DE LA RELATIVITÉ

I

Nous avons essayé de montrer que le système newtonien constituait un corps d'explication fermé sur lui-même, animé de l'idéal déductif d'une géométrie achevée. Au contraire, la richesse d'inférence de la discipline einsteinienne ne peut manquer de frapper l'attention dès qu'on en suit le détail et le développement. Cela est évident dans les extensions successives de la doctrine, mais cela est déjà visible et plus caractéristique dans le mouvement intime, de proche en proche, de la systématisation. D'ailleurs il ne s'agit pas seulement d'une richesse dans l'occasion, d'une extension qui essaierait d'encadrer la prodigalité d'une expérience affinée. La source est plus profonde, elle anime un courant plus constant. C'est | au 52 point qu'on peut dire, croyons-nous, que la valeur d'inférence est un des caractères les plus profonds, les plus curieux aussi, de la pensée einsteinienne.

L'induction, c'est ici plus qu'ailleurs, le mouvement même du système, c'est l'invention qui passe au rang d'une méthode. On ne voit que parce qu'on prévoit. L'instruction que peut donner le réel est ainsi, en Relativité, essentiellement indirecte. En premier lieu on doit d'abord chercher *le général* par les voies inductives. On prouve alors la réalité par la généralité ; autrement dit, on étudie les caractères intimes de l'être en dégageant leur véritable extension.

On peut présenter cette conquête inductive de la Réalité sous forme d'un principe d'une grande portée philosophique qu'on énoncerait ainsi : ce qui peut être généralisé, c'est ce qui doit être généralisé, c'est cela même qui achèvera notre connaissance de la Réalité. Autrement dit, les voies de la généralisation nous livreront des éléments du réel qui échapperaient à une étude approfondie du cas particulier, toujours affecté de relativité. La méfiance du relatif est toute proche de la méfiance du particulier. C'est la même erreur qui nous fait prendre d'une part le particulier pour le général et d'autre part le relatif pour l'absolu.

Si l'on réfléchit maintenant que toute connaissance intuitive tend à poser d'abord son objet | comme particulier et 53 absolu, on comprendra que la Relativité découle d'une pensée seconde, d'une réflexion et que cette réflexion cherche à la fois à faire le départ entre l'absolu et le relatif, entre le particulier et le général.

Si la pensée relativiste naît d'une réflexion, ce n'est plus seulement la matière de la connaissance qui pousse à l'induction, mais l'essor même de la forme qu'on applique à cette matière. C'est sur cette induction formelle que nous devons maintenant attirer l'attention.

II

Les formes mathématiques ne sont pas d'abord suffisamment coordonnées en ce sens qu'elles n'apportent pas toujours la nécessité de leur emploi. La première tâche est alors de fondre ces formes diverses dans une nécessité continue et de les amener dans un état de parfaite liaison. Autrement dit, il y a des facteurs contingents dans les mathématiques elles-mêmes ; ces facteurs nuisent à l'extension des cadres mathématiques et par conséquent à l'objectivité de ces cadres ; il faut donc d'abord retrancher cette contingence pour avoir chance de toucher la mathématique du réel.

54 | Il semble d'ailleurs que la séparation du particulier et du général soit, en mathématiques, difficile entre toutes. En effet, l'objet particulier est, en tant qu'objet abstrait, d'une application générale parfaite. Qualitativement parlant, il n'y a qu'un cercle, qu'une sphère, qu'un plan. La multiplicité des êtres un peu plus complexes cache à peine leurs caractères généraux. Si, par exemple, le genre des ellipsoïdes à trois axes inégaux paraît susceptible de recevoir des variétés triplement infinies, on se rend compte qu'on peut détacher entièrement le quantitatif du qualitatif et garder toutes les propriétés spécifiques liées à une qualité quasi unique qu'on retrouve par le principe des déformations continues. Dans la qualité, dans le caractère topologique – qui est le caractère primordial – la généralité apparaît uniforme et solidement assurée. Il faudra donc un grand effort pour déterminer des classes dans cette généralité !

Une deuxième objection contre la distinction du particulier et du général dans les domaines mathématiques, c'est que cette distinction est solidaire du point de vue choisi plus ou moins arbitrairement. Ainsi on peut aussi bien ranger l'hyperboloïde à une nappe dans le genre des surfaces réglées que dans celui des quadriques. Tout dépend du but poursuivi. Si maintenant on veut réserver la même liberté de choix entre l'ellipsoïde pris comme une surface réglée imaginaire | et l'ellipsoïde pris **55** comme quadrique, il semble qu'on obéisse à un principe de classement factice, qui n'engage que des procédés de calcul mécaniques et obscurs.

Il est donc bien difficile de dresser une hiérarchie qui vaille dans l'absolu. À plusieurs égards, la généralisation mathématique peut être taxée de relativité essentielle.

En fait, si l'on se reporte à certains moments de l'histoire scientifique, on s'aperçoit que des généralisations mathématiques que nous prenons pour entièrement légitimes, comme allant de soi, ont d'abord semblé complètement artificielles.

Prenons, par exemple, l'incorporation dans un même genre des courbes suivantes : cercle, ellipse, hyperbole, système de deux droites sécantes. Cette réunion est pour nous entièrement naturelle et cela à deux points de vue : d'abord ces diverses courbes se présentent toutes comme les sections planes du cône ; ensuite, par leur traduction algébrique, elles se révèlent éminemment semblables puisqu'elles sont toutes des courbes du second degré. Le premier caractère, qu'on connaissait depuis longtemps, était loin cependant de légitimer un rapprochement entre des courbes qui, prises individuellement, apparaissaient si diverses. Qu'elles soient tracées sur une même surface, cela ne devait pas d'abord les solidariser plus que des courbes contenues | dans un même plan. Le fait qu'on peut **56** placer une hyperbole sur un cône ne pouvait guère d'abord jouer qu'un rôle singulier. Tous les autres caractères qu'on avait l'habitude d'étudier en se limitant au plan de l'hyperbole n'avaient, semblait-il, aucun rapport avec cette possibilité de reposer sans déformation sur une surface courbe. Il fallut que

Desargues, guidé par des théorèmes entièrement nouveaux sur
la perspective, mît en correspondance les propriétés planes des
courbes du second degré et leur place sur un même cône, pour
qu'on comprît le principe de leur parenté. Elles entraient en
somme, sous le rapport de la perspective, dans un même genre.
Il ne faudrait pas croire que ce rapprochement fut aussitôt
accepté comme une découverte décisive. Si les Pascal, les
Fermat en comprirent la grande portée, si Descartes, devant
une telle richesse de généralisation, exalte ce qu'il a « coutume
de nommer métaphysique de la Géométrie », les détracteurs
ne manquèrent pas. Il faut bien reconnaître qu'on pouvait
craindre de s'éloigner des caractères essentiels en quittant la
contemplation d'une conique déterminée, pour atteindre une
classification en quelque sorte externe des diverses coniques.
Être clair, c'était prendre les êtres géométriques dans leur
état de distinction, en eux-mêmes, en acceptant les différences
immédiates. Les objections qu'on présente parfois dans l'épis-
57 témologie moderne contre la notion | de courbure d'un espace
à quatre dimensions où certains veulent voir une image
réelle tandis que d'autres ne retiennent qu'un simple raccourci
verbal, on pouvait les faire contre une correspondance en
quelque manière forcée, qui n'était peut-être qu'un simple
principe de traduction, que le simple dictionnaire en deux
langues pour passer des propriétés de l'ellipse à des propriétés
parallèles, mais combien différentes, de l'hyperbole. On ne
peut manquer de penser au ton d'une certaine critique contre
les extensions de sens des définitions relativistes en lisant
l'opinion de Fermat sur les travaux de Desargues. Dans une
lettre au P. Mersenne, Fermat écrivait : « J'estime beaucoup

M. Desargues, et d'autant plus qu'il est lui seul inventeur de ses coniques. Son livret qui passe, dites-vous, pour jargon, m'a paru très intelligible et très ingénieux » [1].

Le succès de la géométrie analytique fut moins discuté. Il n'empêche qu'on vante bien souvent le besoin de solutions géométriques directes. On redoute que, par l'incorporation dans des formes algébriques, la quantité triomphe de la qualité, que la traduction algébrique efface le caractère géométrique essentiel. On en revient toujours à l'intuition immédiate qui prétend retrancher les êtres mathématiques du mouvement tout externe | de la classification, qui les replace dans leur solitude, **58** tout entiers en eux-mêmes et par conséquent sans rapport l'un avec l'autre, pas plus à l'égard de la généralité que d'un autre principe.

Ainsi, sur cet exemple très simple des coniques, on sent que la généralisation créatrice n'est ni claire, ni immédiate. Elle ne s'impose à la conviction d'un temps que par l'effort du génie.

III

Cette difficulté est peut-être une des raisons de la parcimonie des indications méthodologiques concernant la généralisation mathématique. On trouvera cependant dans le livre de Chasles les éléments de la généralisation appliquée, en tant que méthode, à quelques cas simples. Comme cette méthode nous paraît fort propre à préparer les généralisations

---

1. *Œuvres de Fermat*, Correspondance, Paris, Gauthier-Villars, 1894, p. 173.

mathématiques de la Relativité, nous en indiquerons
brièvement les principes.

La méthode de généralisation de Chasles repose sur la
distinction des propriétés contingentes et des propriétés principales des êtres géométriques.

59   Nous entendons par propriétés | intrinsèques et permanentes
celles qui serviraient, dans tous les cas, à la définition et à la
construction des parties de la figure que nous avons appelées
intégrantes ou *principales* ; tandis que les propriétés *secon-
daires* et *contingentes* sont celles qui peuvent disparaître
et devenir imaginaires, dans certaines circonstances de
construction de la figure. La théorie des cercles tracés sur
un plan nous offre un exemple de cette distinction que nous
faisons entre les propriétés *accidentelles* et les propriétés
permanentes d'une figure. Le système de deux cercles
comporte toujours l'existence d'une certaine droite, dont la
considération est fort utile dans toute cette théorie des cercles.
Il faut donc définir cette droite et la construire par quelqu'une
de ses autres propriétés, qui ait lieu dans tous les cas de
construction générale de la figure, ou du système des deux
cercles. Ce sera une de ses propriétés *permanentes*. C'est par
ces considérations que M. Gaultier, au lieu d'appeler cette
droite la corde commune des deux cercles, l'a appelée *axe
radical* ; expression puisée dans une propriété *permanente*
de cette droite, qui consiste en ce que les tangentes aux deux
cercles, menées par l'un quelconque de ses points, sont égales
entre elles, de sorte que chaque point de cette droite est le
centre d'un cercle qui coupe orthogonalement les deux
cercles proposés[1].

---

1. M. Chasles, *Aperçu historique sur l'origine et le développement des
méthodes en géométrie…*, Paris, Gauthier-Villars, 1875, p. 205.

On voit donc que des propriétés liées ne sont | pas **60** nécessairement solidaires. Une droite qu'on ne sait plus tracer en s'appuyant sur le caractère commun des deux cercles conserve sa signification à l'égard des tangentes parties de ses différents points. En fait, du point de vue pédagogique, c'est à la notion de corde commune qu'il sera plus expédient de se référer ; pour tracer effectivement l'axe radical, ce sera aussi à des combinaisons de cercles sécants qu'on aura recours. Mais l'ordre de la généralité renversera l'ordre de la construction : deux cercles isolés, sans point commun seront mis en rapport étroit et profond quand on considérera une notion comme l'axe radical dans son extension maxima, dans sa fonction la plus générale.

Dans le même ordre d'idées, Chasles a étudié la notion d'imaginaire en Géométrie. Il passe du réel à l'imaginaire par une extension méthodique dont la Relativité nous donnera maints et maints exemples. Chasles s'exprime ainsi :

> On ne peut regarder l'expression d'*imaginaire* que comme indiquant seulement un état d'une figure dans lequel certaines parties, qui seraient réelles dans un autre état de la figure, ont cessé d'exister. Car on ne peut se faire l'idée d'un objet imaginaire qu'en se représentant en même temps un objet de l'espèce, dans un état d'existence réelle ; de sorte que l'idée d'*imaginaire* serait | vide de sens, si elle n'était toujours **61** accompagnée de l'idée actuelle d'une existence réelle du même objet auquel on l'applique. Ce sont donc les relations et propriétés que nous avons appelées *contingentes*, qui donnent la clef des *imaginaires* en Géométrie [1].

---

1. *Ibid.*, p. 368.

Cette pensée est d'une simplicité trompeuse. Elle apparaît, lorsqu'on la médite, lourde de sens et de conseil. Elle renferme ce qu'on pourrait appeler le principe pédagogique de l'imaginaire mathématique. Ce principe nous paraît marqué au coin d'une induction si audacieusement extensive qu'elle peut dérouter un esprit peu habitué aux libertés mathématiques. La difficulté dans le maniement de l'imaginaire – comme d'ailleurs dans le maniement de la quatrième dimension – c'est de maintenir dans l'esprit l'exemple réel – comme aussi l'objet à trois dimensions – puis de penser en même temps l'extension des propriétés considérées, que cette extension aborde un monde imaginaire ou bien une dimension supplémentaire. Jeu difficile et délicieux qui saisit dans le réel le prétexte du général. Il utilise l'exemple pour déborder l'exemple, il demande à l'expérience elle-même, cette compagne de l'habitude, une leçon de disponibilité d'esprit.

Ainsi l'imaginaire dépasse l'imagination, il fait en quelque sorte violence aux enseignements du réel, il substitue au permanent de fait le permanent de droit. Il permet d'adjoindre le possible | à la réalité, sans risquer d'être dupe de l'extension donnée aux concepts, puisqu'il désigne toujours d'un signe distinctif le motif de l'adjonction. En résumé, l'imaginaire est un véritable *opérateur de généralisation*.

On trouverait facilement bien d'autres exemples de l'extension naturelle des propriétés mathématiques. Mais notre objet n'est pas d'indiquer tous les antécédents de la généralisation. Nous allons la voir à l'œuvre dans la Relativité. Il convenait cependant, croyons-nous, de montrer qu'encore que cet idéal de généralité soit un des sommets des doctrines einsteiniennes, il avait depuis longtemps attiré et vivifié la pensée mathématique.

IV

On s'aperçoit dès le premier coup d'œil que les disciplines
de la Relativité n'hésitent pas à aborder les phénomènes avec
une mathématique initialement et comme volontairement
compliquée. Cela pourrait à première vue servir d'argument
à une thèse déductive puisqu'on sent l'intérêt de s'accorder
un grand domaine de suppositions pour une déduction féconde. Mais en réalité, ce domaine, avant d'être exploité,
doit être conquis et c'est dans cette conquête qu'on met | en **63**
jeu des intuitions inductives, des généralisations, des ana-
logies d'ordre spécifiquement mathématique, autant d'occasions d'induction que nous voudrions maintenant mettre en
évidence.

D'abord, le calcul tensoriel, qui joue le rôle primordial en
Relativité, poursuit systématiquement la plus grande richesse
possible en variables. Par le jeu de ses indices multiples, il est
prêt à faire face à toutes les occasions de variation. D'ailleurs
les divers indices tensoriels se plient et se déplient à volonté,
en un mouvement alternatif de généralisation et d'application.
Le général y reste toujours présent, toujours aussi clair
que l'exemple. Autrement dit, par ses formules condensées, le
calcul tensoriel arrive à inscrire la généralité sous le signe
persuasif du particulier.

Le calcul tensoriel nous paraît donc, en son essence,
éminemment apte à donner les cadres d'une généralisation.
Qu'on lui livre une des variables du problème, il saura lui associer toutes les autres ; il les apprêtera comme des formes vides,
comme des possibilités éveillées par une espèce d'instinct de
la symétrie fonctionnelle, par un génie de la généralité. Puis,
grâce au simple mouvement d'une transformation de coordonnées, on s'apercevra que la matière expérimentale vient

couler dans ces moules formels, mettre la vie dans ces
fantômes, équilibrer toutes les variations, expliciter enfin le
rôle du général.

64 | On peut saisir cet étonnant procédé de généralisation à
la racine même du calcul tensoriel. On en trouverait, par exemple, des traces dans certains développements sur l'élasticité,
doctrine qui fut, comme on le sait, le berceau du calcul tensoriel. Ainsi Barré de Saint-Venant[1] montre le rôle des notations
«que plusieurs auteurs anglais appellent *Sylvestrian umbrae*,
parce que M. Sylvester qui les a employées avec succès,
appelle *ombres de quantités* (shadows of quantities) ces sortes
de notations dont se sont servis précédemment, au reste,
Cauchy et d'autres analystes».

La quantité fantôme a encore pour ainsi dire moins de
substance que la quantité imaginaire. En effet, un nombre
imaginaire schématise encore un type d'organisation de deux
nombres réels, il symbolise une suite réelle d'opérations bien
déterminées qui agissent sur des quantités qu'on peut mesurer,
qui ont une existence en quelque sorte palpable. La quantité
fantôme n'existe ni numériquement, ni même formellement.
Elle est tout d'abord un pur néant. Et c'est naturellement pour
cela qu'on peut l'adjoindre à une quantité numérique. Rien ne
peut interdire d'additionner zéro à un nombre. C'est là un
65 vieux procédé souvent | employé par les algébristes. Dans la
simple résolution de l'équation du second degré par exemple,
on ajoute une quantité qu'on retranche immédiatement, ce qui,
numériquement, revient à additionner zéro à une quantité. On

1. Barré de Saint-Venant, *Mémoire sur la distribution des élasticités
autour de chaque point d'un solide ou d'un milieu de contexture quelconque,
particulièrement lorsqu'il est amorphe sans être isotrope*, (dans *Journal de
math. de Liouville*, vol. VIII, 1863, p. 257-295 et 353-430).

fait apparaître ainsi le carré d'une somme et l'on efface le terme du premier degré. Une extraction de racine conduit alors au résultat. Mais de tels procédés restaient, dans l'algèbre ancienne, de simples artifices. Le calcul tensoriel en a fait une méthode. Nous allons essayer de mettre en lumière l'esprit de cette méthode.

Étudions, par exemple, l'induction si caractéristique qui nous permet de substituer, dans certains cas, la dérivée tensorielle à la dérivée ordinaire. On sait que la notion de dérivée tensorielle s'est imposée quand on a voulu trouver une expression possédant les caractères d'un tenseur et qui puisse remplacer, dans tous ses rôles, la dérivée ordinaire. On avait en effet reconnu que la simple dérivée d'un vecteur ne garde pas sa forme dans les changements quelconques de coordonnées ; autrement dit, il apparaissait que la dérivée ordinaire d'un vecteur n'a pas le caractère tensoriel. Pour répondre à l'esprit général des méthodes tensorielles, il fallait donc adjoindre à la dérivée ordinaire des termes susceptibles de compenser automatiquement les changements que cette dérivée éprouvait dans une transformation d'axes. On y parvint facilement en ajoutant des | fonctions linéaires des symboles **66** de Christoffel.

Or il est des cas simples où ces symboles sont identiquement nuls ; c'est ce qui arrive pour des coordonnées galiléennes. Cela revient donc à dire qu'en coordonnées galiléennes, les dérivées covariantes des tenseurs se réduisent aux dérivées ordinaires.

Voici alors où l'induction va trouver place. Elle apparaît nettement dans ce passage emprunté à J. Becquerel.

> Lorsqu'une loi physique est exprimée en coordonnées galiléennes par une relation où figurent des expressions qui sont visiblement des formes dégénérées de tenseurs et (de)

leurs dérivées ordinaires, nous pouvons, toujours en coordonnées galiléennes, remplacer les formes dégénérées par les tenseurs eux-mêmes et les dérivées ordinaires par les dérivées covariantes ; en coordonnées galiléennes, rien n'est changé et en même temps la loi est mise sous une forme tensorielle générale. Cette forme est celle exigée par le principe de relativité, car elle est indépendante du système de coordonnées : c'est certainement l'expression générale de la loi en coordonnées arbitraires dans un univers euclidien et c'est presque toujours l'expression de la loi dans un univers non euclidien, dans l'Univers réel où règne un champ de gravitation[1].

67   Comment ne pas voir que ces quelques lignes | contiennent l'essence d'une méthode extrêmement nouvelle, qui appuie toute sa justification dans une liaison généralisante, tout son mouvement sur un élan inductif ! Il y a trois moments dans cette méthode :

1) Des adjonctions purement formelles qui n'apportent absolument rien dans l'ordre de la quantité ;

2) Un jeu algébrique qui permet de passer d'un cas particulier au cas général ;

3) Puis, la généralité une fois conquise, une affirmation que l'invariance ne travaille pas un monde de fantômes, mais que *presque toujours*, par la consistance et la permanence de sa forme, cette invariance implique une matière.

D'ailleurs on trouvera plus tard dans le principe d'équivalence d'Einstein de quoi assurer cette induction aventureuse qui prétend, par une forme, conquérir une matière.

---

1. J. Becquerel, *Le principe de la Relativité et la théorie de la gravitation*, *op. cit.*, p. 168.

On saisira peut-être mieux le sens et la portée de cette induction *algébrique* en en suivant l'application à un exemple précis. Supposons que nous voulions déterminer l'équation la plus générale qui règle la propagation d'un potentiel quelconque φ[1]. En choisissant convenablement les unités, un développement classique conduit à une équation différentielle du second ordre :

$$\square\varphi = -\frac{\partial^2\varphi}{\partial X_1^2} - \frac{\partial^2\varphi}{\partial X_2^2} - \frac{\partial^2\varphi}{\partial X_3^2} - \frac{\partial^2\varphi}{\partial X_4^2} = 0 \qquad (1)$$

| On en tirerait, en faisant $X_4 = Ct$, c'est-à-dire en **68** supposant que la vitesse de propagation égale la vitesse de la lumière, la forme bien connue du Dalembertien qui explicite le rôle du temps et des variables d'espace dans une propagation. C'est avec cette formule que s'achève le problème de la mise en équation d'une propagation dans la physique mathématique prérelativiste.

Cela étant posé, voyons à l'œuvre la méthode d'induction relativiste. L'examen des coefficients des quatre termes du Dalembertien $\square\varphi$ nous montre immédiatement que les coordonnées du tenseur fondamental relatif aux axes galiléens sont les suivants :

$$g^{11} = -1 \; g^{22} = -1 \; g^{33} = -1 \; g^{44} = +1$$

tous les autres $g^{\mu\nu}$ ayant des indices μ et ν différents ne figurent pas dans l'équation ; ils sont donc nuls. Cette dernière remarque nous donne à penser que la disparition des autres dérivées secondes de φ provient de leur multiplication avec les $g^{\mu\nu}$ correspondants qui sont nuls. Nous n'ajoutons donc rien à l'expression (1) en rétablissant toutes les dérivées secondes de φ et en affectant les dérivées prises par rapport à deux variables

1. *Ibid.*, p. 169.

différentes du coefficient $g^{\mu\nu}$ correspondant. On a ainsi l'équation :

$$g^{\mu\nu} \frac{\partial^2 \varphi}{\partial x_\mu \partial x_\nu} = 0 \qquad (2)$$

69 | On constate bien que cette expression redonne l'expression (1) puisque les dérivées par rapport à des x_μ et x_ν, différents sont annulées par leur coefficient. On n'a ajouté que des dérivées fantômes, mais on a atteint une forme à la fois plus générale et plus résumée, plus purement algébrique aussi, en ce sens que les axes géométriques du système de référence ont perdu tout privilège.

En possession de la forme (2), on réfléchira sur ce point que φ est un scalaire, que par conséquent sa dérivée première est un vecteur et que finalement sa dérivée seconde va perdre le caractère tensoriel. Nous savons en effet que la dérivée d'un vecteur n'est pas un tenseur.

Mais puisque nous sommes en coordonnées galiléennes, rien ne nous empêche de substituer à la dérivée ordinaire de l'expression vectorielle $\partial\varphi/\partial\xi_\mu$, la dérivée tensorielle de la même expression. Ce procédé se réfère toujours à la même méthode. Il ne réclame précisément que des adjonctions de symboles de Christoffel identiquement nuls en coordonnées galiléennes. Il s'agit bien d'un complément purement formel qui n'est, à aucun titre, inclus dans les éléments algébriques du problème initial. Aucune déduction, en particulier, ne pourrait nous y conduire avec nécessité.

70   Une fois l'expression (2) complétée ainsi par | du néant, nous pouvons l'écrire, toujours en coordonnées galiléennes :

$$g^{\mu\nu}\varphi_{\mu\nu} = 0 \qquad (3)$$

$\varphi_{\mu\nu}$ représentant la dérivée première covariante du vecteur $\partial\varphi/\delta\kappa_\mu$.

Nous avons alors conquis une propriété toute nouvelle, car le premier membre de cette dernière équation se présente maintenant sous une forme tensorielle. C'est même un invariant et comme cet invariant est nul pour des coordonnées galiléennes, il doit rester nul dans un univers euclidien avec des coordonnées curvilignes quelconques.

Ainsi de (1) à (3) on va, algébriquement parlant, du particulier au général. Mais une objection vient à l'esprit : c'est qu'on n'a gagné peut-être qu'une généralité formelle. Voici comment on va accéder à une généralité de fait.

Nous aurons à étudier par la suite le rôle du principe de l'équivalence entre un champ d'inertie et un champ de gravitation. Cette équivalence nous donnera le droit d'absorber le champ de gravitation par un champ d'inertie plus ou moins factice. Sans doute cette absorption n'a lieu que dans une région infiniment petite, mais cela suffit pour nous permettre d'affirmer l'équivalence d'un Univers euclidien tangent à l'Univers réel non-euclidien. Il en résulte « que toutes les | lois relatives à des phénomènes se passant dans un **71** Univers euclidien et qui ne dépendent que des $g^{\mu\nu}$ et de leurs dérivées premières seront également valables dans un champ de gravitation permanent »[1]. C'est précisément le cas de la loi exprimée par l'équation (3). Nous avons donc ainsi trouvé l'équation différentielle, correcte et complète, susceptible de déterminer la loi de la propagation du potentiel φ dans le cas même où cette propagation se fait à travers un champ de gravitation. On a amené ainsi l'algèbre à coopérer avec le réel, par la propre impulsion du calcul, sans jamais poser et chercher l'instruction par le réel comme primordiale.

---

1. *Ibid.*, p. 186.

Pour nous résumer, parcourons d'un seul coup d'œil les degrés de la construction. Le problème a été attaqué par ses caractères formels. On a cherché ensuite le caractère tensoriel qui était vraiment mutilé par la dégénérescence de certaines variations. Une fois mis à jour, cet élément tensoriel a, de lui-même, rétabli la loi dans sa totalité. Un caractère invariant s'est alors présenté qui a permis de conclure du cas particulier au cas général. Enfin l'affirmation du principe d'équivalence a réglé l'osculation du réel par le cadre général laborieusement et progressivement construit.

72 | V

Ce n'est pas là un artifice exceptionnel, c'est au contraire une règle fort caractéristique des méthodes relativistes. Ces méthodes entreprennent systématiquement de mettre en valeur toutes les fonctions d'un phénomène, de déceler et de codifier toutes les raisons de variation, sans prendre d'abord souci de l'ampleur de ces variations. Rien de plus important, dans les prolégomènes d'une Physique mathématique, que de distinguer entre variables et constantes. C'est au point qu'on pourrait placer au centre de la pensée relativiste un véritable principe de progrès qu'on appellerait le *principe de complète fonctionnalité*. Nous venons de voir que le calcul tensoriel ne fonctionne pas sans ce principe, ou plutôt par fonction, le calcul tensoriel rétablit les diverses composantes que des simplifications plus ou moins pragmatiques, plus ou moins explicites, avaient effacées. Ce calcul est vraiment un calcul qui prend pour but la généralisation et il généralise en sensibilisant toutes les variables.

Il en est exactement de même à l'égard de l'ordre différentiel de la variation. Par exemple, certaines lois établies dans un Univers euclidien paraissent ne pas contenir les dérivées secondes | de certaines fonctions, et ces fonctions ne **73** paraissent alors reliées qu'au premier ordre de la dérivation. Mais il peut fort bien se faire que ces dérivées secondes aient été effacées du seul fait du système de coordonnées employé. Elles doivent alors figurer dans les équations générales de la loi, quittes à être marquées d'un coefficient nul dans le mode d'expression spécialement choisi[1]. Le calcul tensoriel se chargera lui-même d'incorporer au réel ces variations qui, quantitativement parlant, pouvaient sembler d'abord purement virtuelles. La généralisation sera alors régulièrement amorcée, son développement sera clairement solidaire de son plan initial.

Si l'on essaie maintenant de caractériser d'une manière philosophique générale cet aspect spécial de la Relativité, on se rendra compte que la pensée qui l'anime procède par adjonctions successives. Nous avons entrepris ailleurs de rapprocher l'explication scientifique de la complication mathématique qui résulte de quantités irrationnelles adjointes à des corps de nombre pris d'abord comme des domaines de rationalité. Nous avons essayé de montrer qu'une dialectique envahissante tend à prendre pour moyen d'explication cela même qui échappait d'abord à une explication trop simpliste. La pensée incorpore ses limites[2]. Nous retrouvons dans les conquêtes | successives de la Relativité le même **74** procédé d'assimilation. L'audace inductive y est même

---

1. *Ibid.*, p. 186 note.
2. Voir *Essai sur la connaissance approchée*, 3ᵉ partie.

particulièrement manifeste et elle réalise des adjonctions vraiment inattendues. Prenons comme exemple un des raisonnements les plus frappants, les plus beaux de la Relativité. Il se présente sans éclat, comme un simple programme, et c'est pourtant toute une pensée. J. Becquerel s'exprime ainsi :

> Choisir un système de référence arbitraire, ou faire une transformation arbitraire de coordonnées, c'est introduire un état de mouvement arbitraire ou, d'après le principe d'équivalence, un champ de gravitation arbitraire. Par conséquent, les lois qui régissent les phénomènes physiques doivent, pour être exprimées sous la forme la plus générale, contenir implicitement ou explicitement les grandeurs qui caractérisent un champ de gravitation [1].

À quoi revient cette méthode aux arguments si ramassés ? Elle constate d'abord que, du fait de la référence, nous ne pouvons pas évincer l'arbitraire. Nous allons donc l'adjoindre franchement aux conditions mêmes de notre étude. Aussitôt le principe d'équivalence va jouer. Ce principe conduit à égaler mouvement arbitraire et champ de gravitation arbitraire. Nous devons donc relier plus étroitement la partie adjointe à l'objet 75 de l'explication ; nous ne devons plus seulement | adjoindre à la référence, mais adjoindre à l'objet lui-même. Nous sommes finalement conduits à inscrire l'arbitraire de notre référence sous le signe même d'une certaine indétermination du réel. Autrement dit, nous devons mêler au réel l'arbitraire de notre référence, dussions-nous mettre l'arbitraire sur le même plan que le réel ou du moins sur le même plan que ce qui faisait jusqu'ici fonction de réalité.

---

1. J. Becquerel, *Le principe de la Relativité et la théorie de la gravitation*, *op. cit.*, p. 134. Voir l'erratum correspondant.

VI

On trouverait naturellement de nombreuses occasions où une telle induction est promue au rang de méthode. On verrait l'esprit mathématique sans cesse en éveil pour dépister toutes les variations dégénérées, pour découvrir dans un cas particulier non pas tant seulement les linéaments de la généralité que les voies de la généralisation, pour passer d'une généralité immanente à une généralité transcendante – tout un mouvement qui va de l'institution des termes en attente à la constitution de la forme complète. Nous ne voulons encore indiquer que quelques cas où l'on se confie à la simple analogie qui joue alors par son côté algébrique et conduit ainsi à des extensions de définitions mathématiques.

| Telle est, par exemple, l'extension donnée à la notion **76** de densité dans l'espace-temps. Voici en quels termes, J. Becquerel prépare les voies du calcul.

> La relativité restreinte a montré que la masse s'identifie avec l'énergie, et que l'énergie est la composante de temps de l'impulsion d'Univers. Or, nous allons voir que l'impulsion-énergie trouve son expression la plus complète dans un tenseur qui, précisément, se réduit à la densité dans le cas de la matière au repos par rapport au système de référence, dans un Univers euclidien. Puisque toutes les lois doivent, d'après le principe de relativité généralisé, s'exprimer sous une forme tensorielle, il est à peu près évident que le tenseur impulsion-énergie doit remplacer la densité qui figurait seule dans l'ancienne théorie [1].

---

1. *Ibid.*, p. 194.

Au fond, cette prévision exprime ce que nous pourrions appeler le syllogisme de la confiance : On a trouvé *un* tenseur qui se réduit à la densité dans le cas de la matière au repos par rapport au système de référence, dans un Univers euclidien. – Or on cherchait *un* tenseur. – Donc c'est celui-là.

Ainsi l'analogie algébrique permet d'évoquer à propos d'un concept aussi simple que celui de densité la richesse de caractères mathématiques du tenseur impulsion-énergie. Il

77 semblait que la | densité dût être limitée à son sens scalaire, inapte à recevoir une forme géométrique, indissolublement liée à un empirisme opaque. Mais le fait qu'un certain tenseur dégénère pour donner la densité commune jette un jour nouveau, par l'extérieur, *par la forme*, sur le rôle exact de la densité dont le caractère matériel et empirique devient ainsi secondaire. Ce fait prépare des adjonctions correctes qu'aucune expérience ne pourrait suggérer. Ces adjonctions corrigent alors la notion même qu'elles complètent. Autrement dit, c'est du dehors, en plaçant la notion dans le flux d'une synthèse accueillante qu'on anime ses virtualités internes. C'est donc ici la synthèse qui éclaire et rend possible l'analyse. L'idéal déductif imaginerait plutôt une synthèse qui n'aurait pour rôle que de vérifier l'analyse. Nous croyons, au contraire, que c'est la synthèse qui découvre et l'analyse qui enseigne.

Donnons un autre exemple susceptible de montrer la force inductive de la pensée relativiste. Nous l'empruntons à la détermination de la formule de la gravitation dans la matière. On va voir en effet qu'on n'hésite pas à inférer du vide à la matière. Il ne nous sera d'ailleurs pas nécessaire de suivre les démonstrations dans le détail. Certes, les formules détachées de leur contexte peuvent sembler compliquées et obscures ; mais par cela même leur relation va apparaître sans qu'on ait besoin de pénétrer le sens des symboles.

| Voici l'équation de la gravitation dans le vide :   **78**

$$\frac{\partial}{\partial x_\alpha}\left(g^\sigma \beta \{ {}^{\mu\beta}_{\alpha} \} \right) = \kappa \left(t^\sigma_\mu - \frac{1}{2} g^\sigma_\mu t \right)$$

avec la condition $\sqrt{-g} = 1$.

Voici l'équation de la gravitation dans la matière :

$$\frac{\partial}{\partial x_\alpha}\left(g^\sigma \beta \{ {}^{\mu\beta}_{\alpha} \} \right) = \kappa \left[\left(t^\sigma_\mu + T^\sigma_\mu \right) - \frac{1}{2} g^\sigma_\mu \left(t + T \right) \right]$$

avec la condition $\sqrt{-g} = 1$.

On voit que les termes en t^σ_μ et t de la première formule ont reçu, dans la seconde, purement et simplement, les adjonctions respectives T^σ_μ et T. Toute la fonctionnalité est, en dehors de ces adjonctions, maintenue sans modification.

Certes ce rapprochement serait déjà extrêmement important s'il était la conclusion de longs calculs puisqu'il illustrerait le principe de la conservation des formes algébriques les plus complexes. Mais il devient encore beaucoup plus instructif quand on se rend compte qu'*aucun* calcul intermédiaire ne l'établit et qu'on va de l'équation dans le cas du vide à l'équation dans le cas de la matière par une simple réflexion sur l'homogénéité et le sens des éléments tensoriels impliqués dans la première équation. Voici en effet textuellement *toute* l'argumentation indiquée | par J. Becquerel pour passer de **79** l'équation dans le vide à l'équation dans la matière.

> Nous avons dit que le tenseur matériel doit remplacer la densité dans l'expression de la loi de la gravitation. Il suffit de se reporter à la loi dans le vide, sous la forme où l'énergie de gravitation est mise en évidence, pour comprendre comment il faut maintenant introduire le tenseur matériel. Nous devons

penser que l'énergie de gravitation est équivalente à toute autre forme d'énergie : donnant alors à la constante κ les dimensions telles que t_μ^σ représente une densité (énergie par unité de volume, divisée par C^2), c'est-à-dire telles que t_μ soit homogène à T_μ^σ, nous sommes logiquement conduits à ajouter les composantes du tenseur matériel aux composantes de l'énergie de gravitation. Nous remplaçons donc t_μ^σ par $t_\mu^\sigma + T_\mu^\sigma$ et t par $t + T$[1].

Toute l'induction repose sur le fait que $T = T_\mu^\mu = \rho_o$, c'est-à-dire que l'invariant contracté du tenseur impulsion-énergie est égal à la densité de la matière au repos. Certes, la loi une fois trouvée, on entreprendra de l'assurer en la coordonnant à des principes généraux vis-à-vis desquels elle pourra faire figure de vérité déduite. C'est ainsi qu'on justifiera la loi générale de la gravitation en montrant qu'elle implique la conservation de l'impulsion et de l'énergie. Mais la | valeur directrice de l'induction relativiste reste entière. L'ordre de la découverte prime l'ordre de la vérification surtout dans une recherche qui vise à l'organisation systématique d'une pensée nouvelle.

D'ailleurs cette généralisation des fonctions, comme ce passage du concept de densité à celui de tenseur impulsion-énergie, cette adjonction de quantités fantômes, ces inférences d'un vide entièrement géométrisé à une matière sans doute simplifiée mais lourde d'inconnu nous paraissent autant de traces d'une même méthode. Cette méthode prend, croyons-nous, un caractère anti-réalistique fort net. Elle revient à prendre prétexte du réel livré par l'expérience et à l'entourer

1. *Ibid.*, p. 196.

d'un cortège de possibilités, sans que notre instinct réaliste puisse trouver à redire puisqu'on n'adultère pas le réel en travaillant à côté du réel. Mais voici maintenant le caractère généralisateur du calcul tensoriel qui entre en jeu. La simple transformation algébrique va nourrir les formes aux dépens les unes des autres et équilibrer leur valeur réalistique. La possibilité ambiante va en quelque sorte pénétrer dans la réalité, donner à cette réalité, dans le sens même du possible, sa vraie figure. Et *vice versa*, la réalité va affirmer les cadres de la possibilité pure. Réalité et possibilité vont se trouver subsumées sous une totalité d'un ordre algébrique particulièrement homogène. Elles deviendront les | pièces mobiles et **81** *substituables* d'une construction rationnelle. Ainsi la Réalité aura épistémologiquement un rôle nouveau puisqu'elle pourra aider à l'incorporation d'une possibilité vague et précaire, pourvue d'un sens premier simplement algébrique, à un corps général et cohérent de possibilités. Autrement dit, on va d'un sens simplement mathématique de la possibilité à un sens réalistique de la possibilité. Par contre, l'effort constructif des mathématiques échappera à l'objection d'être entièrement artificiel puisqu'il prendra de toute évidence son impulsion dans des caractères nettement expérimentaux.

Il semble ainsi que la possibilité, en une étrange réciproque, vienne sanctionner la Réalité. Dans les doctrines de la Relativité plus que dans toute autre, l'affirmation d'une possibilité apparaît comme antécédente à l'affirmation d'une réalité ; le possible est alors le cadre *a priori* du réel. Et c'est le calcul qui place le réel dans sa véritable perspective, au sein d'une possibilité coordonnée. L'esprit accepte alors une réalité qui est devenue une pièce de son propre jeu.

À suivre le progrès de la pensée relativiste, on ne peut manquer de remarquer l'atmosphère de possibilité élargie où se développe la doctrine. Le Relativiste ne se borne pas à établir la possibilité *a priori* d'une expérience, il étudie cette possibilité en elle-même et pour elle-même. Il fait, du 82 possible, un système. On a même l'impression | que le Relativiste va plus loin et qu'épris d'un véritable réalisme platonicien du possible, il incline à attribuer de la substance à une organisation du possible riche et cohérente.

Sans doute un physicien pragmatiste résistera à cette incorporation du possible au réel ; il y verra une fausse richesse susceptible de troubler la circulation des valeurs expérimentales. En tout cas, il réclamera qu'on désigne le réel par une réussite majeure et qu'on attribue des valeurs différentes à des possibilités différentes. Aux divers éléments du possible, on devra alors attacher un calcul des probabilités qui ordonnera la perspective de la possibilité et l'on se croira en droit finalement de mesurer cette possibilité à son succès, à sa réalisation.

Les objections métaphysiques ne manquent pas contre de telles prétentions. En effet, à vouloir juger du possible par le réel, on trouble le possible à sa source. En particulier, on est conduit à égaler une possibilité continue et qui naît pour ainsi dire de rien à une réalisation discontinue qui n'apparaît qu'après avoir franchi les limites de notre détection. Cela revient à juger de la variabilité par la variation. On peut être amené ainsi à méconnaître la véritable allure fonctionnelle des phénomènes.

Nous croyons au contraire qu'il faut se mettre aussi directement qu'on le peut au contact avec le possible intégral 83 et pur, et l'étudier dans son | aspect qualitatif avant d'y adapter des coefficients de réalisation. Dans cette voie, une espèce d'*Analysis Situs* de la possibilité pourrait peut-être faire abstraction des grandeurs apportées par les coefficients de réussite pour ne retenir que les degrés de liberté. Cette analyse énumérerait toutes les possibilités, elle permettrait de dégager toutes les fonctions et livrerait ainsi au mathématicien un phénomène organique où le potentiel et le virtuel pourraient trouver une place et un rôle.

On est ainsi bien éloigné de la discipline pragmatique. Loin de désirer les simplifications, on ne veut même pas profiter des compensations. On craint toujours que ces compensations aient leur origine dans le calcul, dans une espèce d'équilibre des caractères mathématiques. On prend donc soin d'isoler les termes compensés, et pour le moins, de reconstruire la compensation. On veut raisonner mathématiquement sur le cas général quand bien même l'expérience ne nous présenterait jamais, mathématiquement parlant, que le cas particulier. Avec le calcul tensoriel, cette préoccupation de la généralité devient nettement dominante en Physique. Aussi l'emploi de ce calcul nous paraît-il devoir modifier profondément l'esprit de la science physique. C'est peu de dire que la Physique se mathématise, car ce n'est pas par la surface que se fait la pénétration des deux doctrines, c'est au centre même de la | Phy- **84** sique que les mathématiques viennent d'accéder et c'est maintenant l'impulsion mathématique qui donne au progrès de la science physique sa force et sa direction.

VII

Cette apologie de la complexité en mathématiques rencontre immédiatement une objection traditionnelle : si les mathématiques ne sont pas en quelque manière inscrites dans le réel, si elles ne sont, comme on l'a dit souvent, qu'un simple moyen d'expression, il semble qu'il y ait toujours intérêt à faire « dégénérer » les problèmes du général au particulier, à tenter leur solution rapide et intuitive. Tel paraît être l'idéal de beaucoup de physiciens touchés par la grâce pragmatique. La Relativité est sous le signe nettement inverse. En fait, le succès de cette organisation de pensée est dû pour une grande part à une atmosphère de généralité maxima et méthodique. Ainsi, à plusieurs reprises, la Relativité a entrepris une reviviscence des problèmes trop tôt particularisés. La valeur de prévision des doctrines en a été souvent redoublée.

85 Nous sommes conduit ainsi à opposer au rôle simplificateur de l'information mathématique le | rôle constructif de l'induction mathématique. Nous voulons donc maintenant caractériser la régénérescence mathématique des problèmes qu'une géométrie rapide et passive avait laissé dégénérer.

Prenons, par exemple, les théories relativistes de l'atome de A. Sommerfeld. Elles sont à l'extrémité d'une longue construction au cours de laquelle la complexité marque des stades bien tranchés. On commence par étudier l'atome d'hydrogène en supposant son noyau fixe et son seul électron mobile d'un mouvement circulaire uniforme. Puis on tient compte du fait que le noyau n'a pas une masse infinie par rapport à la masse de l'électron et que, conséquemment, il ne peut jouer le rôle de centre de référence. C'est au centre de gravité général qu'on rapporte alors le mouvement de l'électron et du noyau. Aussitôt le schème mécanique se complique ; l'intuition est moins claire puisqu'elle est laborieuse. – On incorpore ensuite l'hypothèse des quanta qui désigne des trajectoires favorisées. – Enfin, et c'est là, comme on le sait, le premier apport de A. Sommerfeld, on substitue, aux trajectoires circulaires, des ellipses décrites d'après les lois képlériennes. Mais alors on s'aperçoit que le problème qui avait peu à peu perdu sa simplicité intuitive perd sa clarté mathématique initiale, et cela pour une raison vraiment essentielle. En effet, on se rend compte, à ce point précis de la | construction, que 86 le choix des coordonnées cesse d'être univoque et que « les conditions imposées par la théorie des quanta qui dépendent du choix des coordonnées peuvent être fixées de différentes manières. Pour le problème de Képler en effet, à côté des coordonnées polaires, on peut utiliser... des coordonnées paraboliques. Si l'on choisit ces coordonnées paraboliques comme base de calcul, l'on est conduit à d'autres groupes d'orbites képlériennes que celles qu'on obtient par l'emploi des coordonnées polaires » [1]. Ainsi un même problème physique attaqué par des moyens mathématiques différents conduit à des inférences divergentes. Les mathématiques ne sont plus alors de simples expressions d'un fait bien défini ; elles participent à la définition du fait lui-même.

Cette ambiguïté est, d'après A. Sommerfeld, la caractéristique extérieure de la dégénérescence du problème. On s'est engagé dans une voie *particulière de la généralisation*. On a considéré cette généralisation comme un procédé d'exposition plutôt que de prendre la généralité comme une valeur de fait. On a abouti ainsi à une induction sans ramification qui ne peut plus trouver la racine des alternatives. On obscurcit l'esprit en mutilant la réalité. On n'a pas su garder toute la valeur instructive du réel et l'on se croit finalement | condamné à 87 l'incertitude dans le choix des hypothèses parce qu'on s'est livré à l'arbitraire dans le choix des paramètres.

On a certes une excuse. Pour les problèmes abordés en premier lieu, une limitation des variables était légitime ; cette

---

1. A. Sommerfeld, *La constitution de l'atome et les raies spectrales*, trad. H. Bellenot, Paris, Librairie scientifique A. Blanchard, 1923, p. 299.

limitation permettait de traiter simplement des problèmes
simples. Pourquoi choisir trois variables si l'analyse est possible avec deux ? C'est là précisément ce qui caractérise intrinsèquement les problèmes dégénérés que certaines variables, dans
certaines questions particulières, restent insensibles et comme
étouffées. Ainsi, pour le calcul des raies spectrales et d'une
manière générale pour la détermination de l'énergie d'une
vibration, il suffit de connaître *moins* de nombres quantiques
que le problème ne possède de degrés de liberté. Par conséquent tant qu'on ne vise qu'à la construction du phénomène
particulier, on semble libre de simplifier la donnée. D'autre
part, en se confiant à un principe général comme celui de
la conservation de l'énergie qui, dans l'indifférence de ses
substitutions énergétiques, efface les formes où se dépense
l'énergie, on admet que cette substitution ne dérange rien. Or,
ici, c'est seulement la somme des deux nombres quantiques
(azimutal et radial) qui intervient dans l'expression de l'énergie. Rien ne peut donc de ce côté les séparer. Et comme les
ellipses képlériennes dépendent d'une manière individuelle, et
88 non plus par leur | somme, des deux nombres quantiques,
guidés par le seul principe de l'énergie, nous n'avons finalement aucun moyen d'individualiser les orbites. Autrement dit,
dans notre échelle de la généralisation, le principe de l'énergie
est placé *trop tôt*. À l'égard du problème que nous envi-
sageons, ce principe n'est pas primordial ; il y aurait avantage à
en construire les éléments. Loin d'être un domaine fécond pour
la déduction des caractères, le principe de l'énergie doit faire
l'objet d'une construction ; sans cela on perd à jamais ses
éléments substantiels. On saura que quelque chose se conserve
mais on ne saura pas exactement quoi. Guidé par les considérations énergétiques, on arrivera donc à cette conclusion que
le problème de l'atome d'hydrogène ne comporte qu'un seul

degré de liberté. Sans doute M. Bohr estime-t-il qu'une seule condition quantique suffit à résoudre le problème classique de Képler. Mais tel n'est point l'avis de A. Sommerfeld et cette divergence d'opinion est d'autant plus remarquable à notre point de vue que le schéma de Sommerfeld, pour rectifier le schéma de Bohr et rendre à ce schéma toute sa fécondité d'inférence, est obligé de retourner aux bases mêmes de la construction, dans une région où la généralité trouve sa véritable racine.

Si nous nous en tenions à la question de l'électron d'hydrogène mobile autour du noyau dans le plan des aires, même en l'enrichissant d'une | deuxième variable, nous traite- **89** rions encore un problème dégénéré. Nous devons sans cesse replacer le problème dans son atmosphère de généralité maxima et nous efforcer de sous-tendre la diversité des caractères du mouvement sous l'uniformité de la notion d'énergie. Même si le mouvement est effectivement plan (et tel sera le cas en l'absence d'un champ extérieur) il doit apparaître, vu par la raison généralisante, sous l'aspect d'un problème à trois dimensions dégénéré. Prenons en effet l'électron dans l'espace ; il a naturellement trois degrés de liberté. Il faudrait donc pour suivre le principe de la détermination par quanta trouver trois conditions quantiques relatives à ces trois degrés de liberté, par exemple : une condition azimutale, une condition radiale, une condition d'orientation spatiale. Ou, si cette analyse des conditions n'est pas possible, il faudrait du moins trois équations pour poser correctement le problème. L'expression de l'énergie ne contient les nombres quantiques qu'en fonction de leur somme, et par conséquent livrés à la confusion des substitutions.

Sans doute l'orientation spatiale des orbites n'entraîne aucune conséquence dans le bilan énergétique et les

phénomènes spectroscopiques en particulier n'en sont pas plus
altérés qu'ils ne l'étaient quand on considérait, dans un seul
plan, des orbites de même énergie. On se retrouve ainsi devant
90 une indifférence en quelque sorte appuyée | sur un pragma-
tisme redoublé. En effet, on pourrait arguer d'abord que la
complication ne retentit pas sur notre connaissance du phénomène spectroscopique, seul élément réel qui puisse sanctionner nos développements théoriques. On pourrait dire en second
lieu qu'il est étrange de donner une importance à la liberté à
trois dimensions puisqu'en fait, le mouvement réglé par la loi
de Képler se dépense dans un plan fixe, dans le cadre d'une
liberté à deux dimensions. Pour présenter l'objection sous un
autre jour, on peut suivant les préoccupations habituelles de la
mécanique classique, distinguer entre les conditions permanentes et les conditions initiales du problème. Le mouvement
plan est réglé en partie par des conditions qui demeurent et qui
se traduisent par une réalité énergétique. Mais l'orientation du
plan du mouvement ne dépend que des conditions initiales.
Ces conditions sont de toute évidence de simples artifices de
calcul, elles ne sont initiales qu'à l'égard de notre examen,
elles n'ont aucun retentissement sur le bilan énergétique.
Autant dire qu'elles n'ont pas de « réalité ». Il semblerait donc
incorrect qu'une déduction les mît sur le même niveau que les
conditions permanentes : forces, énergies cinétiques et poten-
tielles, qui sont, elles, des signes péremptoires de la réalité.

Mais les faits n'acceptent pas toujours la hiérarchie que
91 nous prétendons leur imposer. Il ne | faut donc pas se hâter
de les mettre en rapport, mais plutôt leur attribuer le maximum
possible d'indépendance. Encore une fois, il vaut mieux les
prendre l'un près de l'autre que les déduire l'un de l'autre.
Ainsi, sur le problème qui nous occupe, nous aurons intérêt à
qualifier au même titre tous les degrés de liberté.

Comment trouver l'élément qui nous donnera un prétexte pour régénérer le problème, pour mettre ce problème à son juste rang de généralité ? Comment passer d'une réalité emprisonnée dans un plan à une réalité riche de toutes les possibilités spatiales, impliquée avec symétrie dans les trois dimensions de l'espace. Difficile recherche, car, en dépit d'une intuition hostile, il faudrait trouver un motif de référence distinguée dans un espace symétrique, une direction privilégiée dans un espace isotrope. On en vient alors à l'hypothèse de l'existence d'un champ de force agissant extérieurement à l'atome. Dans ce dernier cas en effet, ainsi que l'établit A. Sommerfeld, les trois conditions quantiques sont nécessaires. Aussitôt, on se rend compte que le problème n'est plus dégénéré ; les variables présentent maintenant leur jeu complet ; on les saisit dans leur action séparée, et l'on suit, en partant des éléments constituants, tous les stades de la construction.

Une objection vient alors à l'esprit : il n'y a rien d'étonnant qu'en ajoutant une force directrice | au phénomène on arrive à **92** le compliquer et qu'on en suscite des caractères cachés. Mais, si indirectement que ce soit, on a tout de même dégagé une diversité et cette diversité, on a quelque raison de la maintenir à la limite, à l'instant même où le champ extérieur à l'atome s'annule. Certes ce passage à la limite peut sembler audacieux entre tous puisqu'il efface la qualité même par rapport à laquelle on déterminait les caractères différenciés du phénomène. Mais si l'on réfléchit que le théoricien cherche systématiquement des occasions de diversification, on acceptera peut-être que le théoricien se montre peu exigeant en déterminant des raisons suffisantes d'inférence. Il ne s'agit après tout que de supposer, de travailler dans l'infrastructure des principes, non pas de contredire ces principes. De toute façon, l'édifice nouveau aura la même solidité que la construction ancienne, la base, pour être plus fouillée, n'en est pas moins large. Nous retrouvons, par exemple, le principe de la conservation de l'énergie et par conséquent nous irons, pour le moins, aussi loin avec le schéma de A. Sommerfeld qu'avec celui de M. Bohr ; mais, guidés par le premier schéma, nous venons de trouver des possibilités sous-jacentes. Ces possibilités vont nous donner le plan d'un interrogatoire nouveau auquel nous allons soumettre la réalité.

93   Certes, en suivant cette voie, l'orientation quantique semble d'abord coordonnée à une force | hypothétique et si l'on ne pose plus l'hypothèse on ne voit plus par rapport à quoi on pourrait orienter les orbites. Mais s'il est difficile de faire passer *une réalité* à la limite, il y a moins d'objection contre le passage à la limite de simples *possibilités*. L'orientation quantique demeure, à notre sens, comme une réalité pâlie qui ne peut plus affleurer dans l'expérience mais qui garde encore ses linéaments mathématiques. On n'aurait sans doute pas de raison pour postuler cette réalité si on ne l'avait une fois déterminée dans une expérience, mais on n'a plus de raison pour la retrancher, encore que l'occasion d'ordre expérimental de la manifester vienne à manquer. La réalité se soumet à la possibilité, elle respecte le jeu qui lui a été une fois imposé par le possible, elle y persiste comme une toupie qui s'endort autour d'un axe mathématiquement remarquable. C'est par le possible qu'on découvre le réel. Méthode artificielle sans doute puisqu'elle s'appuie sur l'occasion d'une supposition, mais par cela même accueillante aux tendances inductives de notre esprit.

    Il faut d'ailleurs se méfier de la symétrie externe de certains caractères, car la reconstruction plus intime du phénomène décèle parfois des libertés inattendues. Ainsi il ne faudrait pas croire que la symétrie sphérique d'une propriété entraîne nécessairement la symétrie sphérique des propriétés connexes. La sensibilité à l'anisotropie | peut différer entre 94 les diverses variables ; la cause peut avoir des dissymétries qui ne retentissent pas dans tous les effets. Par exemple, A. Sommerfeld[1] fait remarquer que l'existence d'un axe privilégié n'est pas inconcevable pour une onde sphérique, preuve que l'instruction donnée par le réel déborde le cadre de sa première définition expérimentale.

> Il est vrai, continue M. Sommerfeld, qu'un raisonnement rapide conclurait à la non-existence d'un tel axe, mais d'après les équations de Maxwell (comme d'ailleurs d'après les anciennes théories élastiques) une onde sphérique possède toujours un axe privilégié aussi bien pour la répartition de l'intensité que pour celle de la polarisation. Il n'y a que la phase de la lumière qui soit à symétrie sphérique ; les surfaces d'onde sont des surfaces d'égale phase, elles forment une famille de sphères concentriques. Au contraire, les surfaces d'égale intensité ne sont pas sphériques.

Il ne faut donc pas courir aux simplifications. L'analyse opérée par les mathématiques majore souvent un point de vue, la construction mathématique doit reconstituer dans cette analyse ainsi déformée tous les détails du panorama. Plus généralement parlant, il faut s'efforcer de faire surgir la diversité que l'unité de notre examen avait effacée. Nous avons montré ailleurs comment un | Lamé lisait sur la surface sphérique 95 certaines propriétés de l'ellipsoïde, nous avons indiqué par quel effort d'induction, il retrouvait dans la surface symétrique le jeu différencié des variables accidentellement égalisées. Il *régénérait* les problèmes des quadriques que la sphère

---

1. *Ibid.*, t. I, p. 316.

présentait sous un aspect évidemment facile et abrégé mais par cela même peu instructif.

Cette régénération nous paraît engager toute une méthode de pensée. Cette méthode se place clairement sous le signe de la construction, mais d'une construction dirigée avec une certaine liberté par une logique inductive d'ordre en quelque manière esthétique. En particulier, la pente de la déduction irait inversement de l'ellipsoïde à la sphère, par effacement des différences. On remonte avec Lamé du semblable au divers.

D'un point de vue plus physique et par conséquent plus lourd de sens, la conquête poursuivie par A. Sommerfeld suit le même mouvement. Elle adjoint l'anisotropie, elle provoque le privilège de certains traits, maintient ce privilège contre l'expérience même. On se confie ainsi à une espèce d'anisotropie virtuelle, de complexité potentielle, sans trop se soucier de la manière dont cette complexité peut passer de la puissance à l'acte, de la théorie à l'expérience. Mais on a gagné pour le moins un principe suffisant pour un classement et un dénombrement des | cas possibles à partir desquels on retrouvera, en se guidant sur les lois de la probabilité, les traits multiples d'une expérience saisie enfin dans une diversité accrue.

LE PROGRÈS DE LA RELATIVATION

I

On peut, croyons-nous, trouver deux places pour l'absolu :
1) au sein d'une Réalité en soi, bien proche au fond du principe
créateur dont elle serait l'émanation ou l'œuvre – elle joue
alors le rôle de l'inconnaissable et c'est en tant qu'inconnaissable qu'elle est absolue ; 2) au centre même du sujet connais-
sant où la conscience, par ce qu'elle a d'immédiat, d'ineffable,
d'unique, apporte un élément qui n'a rapport à rien, encore que
la conscience ne s'éclaire qu'en se multipliant dans un système
de relations.

C'est en ce dernier sens que Max Born, dans une préface
d'une singulière pénétration philosophique peut écrire :

> Tout phénomène perçu directement conduit à une affirmation
> qui | possède une certaine valeur absolue. Quand je vois une **98**
> fleur rouge, quand j'éprouve du plaisir ou de la douleur, j'ai

là des données dont il serait déraisonnable de douter. Elles
ont une valeur indiscutable, mais pour moi seul ; elles sont
absolues, mais subjectives [1].

Aussi en luttant contre cette subjectivité on a tout de suite
découronné l'absolu intime de l'intuition. Mais on ne s'est pas
transporté pour cela à l'autre pôle de l'acte de pensée où l'on
s'efforcerait de vivre le phénomène, de s'y perdre, de le
conquérir sournoisement, en se laissant d'abord absorber
par sa complexité. La science a cherché, en un curieux intermédiaire, l'objectivation de certains éléments qui dominent
d'abord subjectivement.

La Relativité s'est alors constituée comme un franc
système de la relation. Faisant violence à des habitudes – peut-
être à des lois – de la pensée, on s'est appliqué à saisir la relation indépendamment des termes reliés, à postuler des liaisons
plutôt que des objets, à ne donner une signification aux
membres d'une équation qu'en vertu de cette équation, prenant
ainsi les objets comme d'étranges fonctions de la fonction qui
les met en rapport. Tout pour la synthèse, tout par la synthèse,
tel a été le but, telle a été la méthode. Des éléments que la sensation présentait dans un état d'analyse qu'on peut bien, à
plusieurs titres, qualifier de naturelle, ont été mis en relation
99 et ils | n'ont désormais reçu un sens que par cette relation. On
a atteint ainsi un phénoménisme d'ordre en quelque sorte
mathématique qui s'écarte autant des thèses de l'absolu que de
celles du réalisme. Quel plus bel exemple que celui de la fusion
mathématique de l'espace et du temps ! Cette union a tout
contre elle : notre imagination, notre vie sensorielle, nos

---

1. M. Born, *La théorie de la Relativité d'Einstein et ses bases physiques*,
trad. F.-A. Finkelstein, Paris, Gauthier-Villars, 1923, p. IX.

représentations ; nous ne vivons le temps qu'en oubliant l'espace, nous ne comprenons l'espace qu'en suspendant le cours du temps. Mais l'espace-temps a pour lui son algèbre. Il est relation totale et relation pure. Il est donc le phénomène mathématique essentiel.

La Relativité n'a pu recevoir son épanouissement que dans l'atmosphère d'une mathématique perfectionnée ; c'est pourquoi la doctrine manque vraiment d'antécédents. Cependant, prise dans le sens philosophique que nous venons d'indiquer, la Relativité a un passé plus lointain et l'on peut trouver des instants où la relation fait l'objet d'une recherche systématique. Nous allons étudier d'un peu plus près ce passage d'un enseignement réaliste et sensible à un enseignement relativiste.

| II   **100**

Dans cet ordre d'idée, Max Born a décrit sous le nom de relativations[1] plusieurs *extensions* d'une notion d'abord entièrement solidaire de son caractère sensible. Ainsi la sensation purement subjective d'effort sera référée au poids soulevé, ce qui est le premier appel à la mesure de l'interne par l'externe. Puis on choisira, comme unité de force, un poids déterminé, ce qui constituera, dit M. Born[2] « la relativation de la notion

1. « Nous avons été obligé de forger ce mot (Relativation), dit M. Solovine (A. Einstein, *L'Éther et la théorie de la Relativité*, Paris, Gauthier-Villars, 1921, p. 13 en note) pour traduire le mot allemand *Relativierung*, qui exprime admirablement bien la pensée d'Einstein mais qui n'a pas d'équivalent dans la langue française. »

2. M. Born, *La théorie de la Relativité d'Einstein et ses bases physiques*, *op. cit.*, p. 10.

de force ». Mais à ce stade, la relativation est encore liée aux notions subjectives et absolues de haut et de bas. « La découverte de la forme sphérique de la Terre introduisit la Relativation de la direction de la pesanteur, qui devint une attraction dirigée vers le centre de la Terre »[1]. Si l'on s'en tenait là, on maintiendrait un privilège en faveur d'un objet : la Terre serait en quelque sorte une référence naturelle absolue. Mais quand

101 on eut établi « l'identité de la pesanteur terrestre | avec la force d'attraction qui maintient la Lune sur sa trajectoire, et qu'aucun doute ne put subsister sur l'identité de nature de cette attraction, avec la force qui maintient sur leur trajectoire autour du Soleil, la Terre et les autres planètes (on parvint à se représenter), que les corps ne sont pas pesants eux-mêmes, mais *mutuellement*, c'est-à-dire les uns relativement aux autres ».

Ainsi une qualité que nous avions trouvée en nous (l'effort) a été équilibrée par une force extérieure d'abord attribuée aux divers corps contre lesquels notre effort luttait. D'absolu en nous, l'effort est devenu relatif aux choses. On a découvert ensuite que cette qualité des objets était relative à la Terre, coordonnant et affermissant ainsi l'objectivité. Puis on a compris que la « pesanteur » postulée comme la cause profonde du poids était une qualité qui n'appartenait pas en propre à la Terre, mais qu'elle était générale et qu'elle réglait les Mondes. Toutes choses jusqu'ici qui passent pour élémentaires, encore que nous nous rendions mal compte, l'objectivité une fois conquise, de la difficulté de l'objectivation.

Mais qu'on creuse encore un peu et l'on va se trouver devant la prodigieuse conquête scientifique contemporaine et

1. *Ibid.*, p. 57.

toucher, au terme de cette simple voie, le relativisme dans toute
son audace. C'est lorsqu'on en vient à comprendre que la qualité qui nous fait paraître les corps pesants n'est pas un attribut
qui appartient à chacun | d'eux, mais une simple fonction de 102
leur rapport. Pris individuellement, aucun des deux corps ne
peut rendre compte de l'attraction et cependant ils s'attirent
mutuellement. Ils coopèrent pour constituer un phénomène
qui s'effacerait totalement si les corps étaient suffisamment
écartés. Mais cette séparation, il ne suffit pas de la considérer
dans le domaine spatial, elle n'a tout son sens que dans le domaine logique. Alors, on s'aperçoit qu'aucun des deux corps
ne joue un rôle par sa propre essence ; la réciprocité d'action
prend un tel caractère qu'elle transcende en quelque sorte
les actions qui la manifestent. Aucune priorité logique ne légitime l'attribution d'une qualité occulte, antécédente à ses
manifestations.

Sans doute, on objectera qu'on a pu établir une fonction
potentielle qui n'a égard qu'aux relations d'un seul corps avec
l'espace environnant et qu'on divise ainsi le processus logique
en deux temps successifs, l'un qui prépare un calcul en ne
considérant qu'un corps, l'autre qui applique ce calcul à tel
deuxième corps qu'on veut bien apporter dans le « champ » du
premier. Mais cette fonction potentielle intermédiaire n'est
qu'un artifice algébrique. Elle n'est pas susceptible de prouver
sa réalité d'une manière immédiate ; dans sa détection, elle
rentre toujours dans les cadres d'un relativisme.

On arrive donc à cette conclusion que la pesanteur et plus
généralement l'attraction newtonienne | ne commencent, en 103
tant que réalités, qu'avec la *double présence* ; elles n'ont pas
de racine dans l'unique ; autrement dit, l'unique n'a pas de
propriétés.

N'a-t-on pas le sentiment, en revivant l'évolution de ce problème, qu'on poursuit une réalité qui fuit, ou du moins qui se subtilise ? Après avoir quitté le plan subjectif où la pesanteur trouvait une expression en termes d'efforts, cette pesanteur a pris figure de force générale rattachée à l'attraction terrestre. Par un progrès nouveau dans la science contemporaine, elle vient de passer du général au relatif : générale, elle appartenait encore à tous les éléments d'une totalité, c'était en cela qu'elle était générale et demeurait absolue, c'était aussi par les éléments qu'elle avait un sens réel ; on saisissait bien, à ce stade de la construction la convergence du général et du réel. Mais, trait tout nouveau, voici la pesanteur philosophiquement relative ; dès lors, elle n'appartient plus qu'à la totalité comme telle, non à ses éléments. Elle est fonction d'un tout sans être fonction des parties. On peut dire que la propriété transcende la généralité en ce sens qu'elle est une création de la généralité.

Ce mouvement de pensée paraît bien marquer une réaction contre la tendance ontologique qui nous pousse à substantialiser les attributs ou tout au moins à chercher, pour organiser les caractères du donné, des fonctions de leur compréhension plutôt que des fonctions de leur extension. Dans les conceptions prérelativistes, on s'accorde ainsi le droit de lier en profondeur, dans la perspective du sujet qui sert de substantif, des caractères que le réel nous présente en surface, simplement juxtaposés. Comme si les attributs découlaient de la substance de la même manière que les prédicats sortent du substantif ! Dans les prolégomènes de la Relativité apparaît au contraire le besoin de se référer à l'externe, de solidariser en quelque partie la qualité d'un objet avec la qualité de l'objet de comparaison, bref d'expliquer par la référence même.

D'ailleurs plus on avancera dans l'enseignement de la Relativité, mieux on saisira jusqu'à quel point la qualité s'y extériorise. Sans doute, ce n'est pas d'aujourd'hui qu'on s'est aperçu que la qualité était une relation de l'objet et du milieu qui l'entoure. Mais cette relativation ne touchait que les qualités secondes, elle était même la meilleure preuve du caractère extrinsèque et secondaire de ces qualités. Au contraire, les qualités premières – inscrites dans l'espace, traduites dans le langage du géomètre – échappaient à l'action de l'espace. Une action de l'étendue sur l'étendue était même inconcevable. Si ces qualités premières faisaient l'objet d'un essai de relativité, cet essai ne dépassait pas le stade numérique ; c'était par le choix de l'unité de mesure que la longueur d'un objet semblait | perdre son caractère d'absolu. Mais la croyance ontologi- **105** que triomphait facilement de cette critique relativiste. – Les doctrines contemporaines portent autrement loin. Il ne s'agit plus seulement d'une action physique, mais d'une action en quelque sorte géométrique. Les références géométriques et cinématiques vont réagir comme un milieu, d'abord sur les caractères géométriques et cinématiques de l'objet – car comment distinguer dans un tel domaine caractères connus et caractères réels ? – puis, de la même manière et plus profondément, la référence agira sur les caractères mécaniques et physiques.

On peut d'ailleurs reconnaître des antécédents à cette pensée nouvelle. En effet, dans l'ancienne mécanique, avec des axes mobiles convenablement choisis, on pouvait réattribuer le repos à un corps en mouvement, sans toucher ce corps physiquement : *on l'arrêtait en le fuyant*. On trouverait la même pensée, érigée précisément en critère de relativité, dans l'œuvre de Descartes. Dans ses principes[1], Descartes est

---

1. Descartes, *Les principes de la philosophie*, 2ᵉ partie, § 4.

amené à se demander si la dureté est une qualité intrinsèque
pour les corps au même titre que l'étendue. « Pour ce qui est de
la dureté, dit-il alors, nous n'en connaissons autre chose par
le moyen de l'attouchement, sinon que les parties des corps
durs résistent | au mouvement de nos mains lorsqu'elles les
106 rencontrent ; mais si toutes les fois que nous portons nos mains
quelque part les corps qui sont en cet endroit là se retiraient
aussi vite comme elles en approchent, il est certain que nous
ne sentirions jamais la dureté. » D'où il suit pour Descartes
qu'une qualité aussi facile à retrancher par la pensée est entièrement relative à l'exercice de nos sens et ne peut appartenir à
l'essence des corps.

Mais toutes ces objections n'avaient trait qu'aux propriétés
contingentes ou superficielles. L'objet gardait toujours de
nombreux caractères qui semblaient inattaquables du dehors ;
son essence avait une richesse de qualités intrinsèques
qu'aucun système d'inflation ne pouvait frapper de déchéance.
Sous ce jour, l'objet apparaissait vraiment comme le sujet unique et inamovible de ses attributs. Par son volume et sa forme
dans le cartésianisme, par sa masse et son énergie dans les
doctrines de Newton et de Leibniz, l'objet avait une réalité
contre laquelle rien ne pouvait prévaloir.

Dans la mécanique contemporaine, voici qu'apparaît entre
les caractères de l'espace-temps et les caractères intrinsèques
à l'objet, une espèce d'interférence qui arrive à *effacer le réel*,
comme dans les interférences lumineuses, la lumière peut
être effacée par la lumière. Un échange est possible entre la
107 référence et le réel, ils deviennent | homogènes par certains
côtés puisque, mathématiquement, l'homogénéité apparaît
avec la possibilité des substitutions. Dès lors, si la référence
est susceptible de porter une ombre sur la réalité, inversement

il est des cas où la réalité finit par être un simple accident de la détection.

Mais il importe de considérer d'un peu plus près cette mobilité et cet effacement de certains caractères qui semblaient jusque-là essentiels à la réalité.

III

Prenons d'abord les dimensions. Certes, on est accoutumé à l'idée que les dimensions d'un objet varient sous l'influence de divers agents physiques et tous les Relativistes se hâtent, dans leurs essais pour vulgariser la doctrine, vers l'appui que paraît leur fournir la dilatation des corps par la chaleur. En effet, il est facile de montrer que la mesure serait frappée d'ambiguïté si la chaleur avait, aussi bien sur l'instrument de mesure que sur l'objet mesuré, une action de tous points égale. Mais, dans le fond, l'appel aux expériences calorifiques reste peu instructif puisqu'il s'agit précisément de comprendre la *généralité* des changements de dimensions à l'égard de matières différentes et que la comparaison nous abandonne | justement dans le passage critique. Prenons donc directement **108** le problème de la contraction de Lorentz-Fitzgerald et voyons comment il évolue du matériel au géométrique.

Si l'éther était un milieu physique, s'il avait une « réalité » au même titre que la matière, on comprendrait qu'il opposât une certaine résistance au mouvement d'un solide et que ce solide en éprouvât une certaine contraction, fonction de sa vitesse relative. Mais cette explication est encore sous le signe de l'ancienne pensée, elle veut réserver une existence séparée à la matière et à l'éther et, dans leur coopération même, distinguer leur rôle respectif. Ce point de vue peut, au surplus, conduire à des objections qu'un physicien de laboratoire jugera immédiatement péremptoires. Par exemple, J. Becquerel formulera ces objections de la manière suivante : « Comment admettre que la contraction, si elle est réelle, soit la même pour tous les corps, c'est-à-dire soit indépendante de la substance, quelle que soit la rigidité de celle-ci ? Se produit-elle aussi pour les gaz, et alors où est la limite entre un gaz raréfié et l'espace vide [1] ? » Autrement dit, dès qu'on fait de la contraction une propriété de la matière, on est bien près de réclamer que cette propriété soit affectée d'un coefficient spécifique qui variera, comme le coefficient de toute autre **109** | propriété, avec la matière considérée. On ne peut s'expliquer qu'une qualité échappe à l'emprise de l'individuel, qu'elle n'ait pas sa racine dans la spécificité de la substance. Pour beaucoup d'esprits, la fonction primordiale de la matière est une fonction individualisante. L'extension universelle d'une qualité est présentée finalement comme une objection à sa réalité.

Le problème change de face quand nous l'abordons avec l'esprit relativiste. D'abord nous ne plaçons plus le réel tout à fait au même niveau ; nous ne le considérons plus comme antécédent à la relation puisque nous avons compris que nous ne pouvions le poser que dans une relation. Il s'agit ici, comme le dit J. Becquerel en répondant à l'objection soulevée, d'une propriété métrique de l'espace dans lequel nous apparaît la matière. Mais cette dernière expression pourrait encore conduire, si l'on n'y prenait garde, à un paralogisme substantialiste. Pour y échapper, il faut comprendre que la matière ne

---

1. J. Becquerel, *Le principe de la Relativité et la théorie de la gravitation*, *op. cit.*, p. 20.

conserve aucune priorité ; elle ne vient pas, en se coulant dans un moule un peu trop étroit, se resserrer pour *apparaître* plus courte qu'elle n'est en réalité. Il n'y a pour elle nul intervalle entre sa réalité et son apparence. C'est son étendue, en tant qu'étendue seule, qui se trouve saisie par la référence cinématique de façon à devenir partie de cette référence cinématique. Réciproquement, la longueur d'une règle matérielle considérée comme | un élément du complexe réalité-référence **110** ne peut plus être posée comme appartenant en propre à la règle. Cette longueur est tout aussi bien une propriété de l'espace laissé à la règle par le système de référence, aussi bien une propriété du contenant que du contenu. Autant d'expressions dont nous sentons bien le caractère artificiel. Mais pour le Relativiste, comme pour le psychologue bergsonien, le langage habituel est essentiellement inadéquat. Il y a dans la vie, d'après H. Bergson, un élément dynamique qu'aucune langue ne peut traduire. La Relativité trouve plus de gêne encore à s'énoncer. Comment le ferait-elle correctement en suivant une syntaxe qui accepte des sujets antécédemment à leur fonction et par conséquent absolus, qui fait de la relation une sorte de réalité seconde, éphémère, mobile ? Au surplus, si, en retournant à quelque pouvoir qu'une pensée purement intellectuelle a obscurci en nous, nous arrivons à une intuition susceptible d'incorporer la durée aux états psychologiques pour les restituer dans leur véritable mouvement, nous nous trouvons entièrement démunis lorsqu'il s'agit d'incorporer le temps aux états géométriques pour comprendre le phénomène dans son évolution. L'intuition de l'espace-temps n'est pas à la source de notre pensée comme un don que l'esprit peut toujours raviver, elle ne peut venir que d'un effort d'*extension* de la raison pour prolonger son action et son rythme.

| IV

Nous allons retrouver, à propos de la masse, des relations semblables entre la référence et l'être.

Le rôle multiple de la masse semblait d'abord apporter une garantie redoublée de sa réalité. Encore qu'on partît de définitions bien différentes, on voyait en effet, à l'application, toutes les déterminations converger vers une même quantité. Par exemple, entre la masse maupertuisienne (quotient d'une impulsion et d'une vitesse) et la masse newtonienne (quotient d'une force et d'une accélération), la pensée ne trouvait pas de liaison claire et immédiate en dehors des formules de dimensions ; mais l'expérience solidarisait ces deux définitions qui semblaient ainsi n'éclairer chacune qu'un point de vue spécial sur une réalité complexe. Plus obscure encore était l'assimilation de la masse gravitationnelle et de la masse d'inertie, mais par son obscurité même, cette assimilation rendait la consolidation des diverses propriétés de la masse plus nécessaire et plus profonde.

La Relativité a désagrégé ce bloc de prédicats. Elle a replacé les diverses définitions de la masse dans leur atmo-
112 sphère axiomatique originelle, | dans la parfaite indépendance des postulats séparés. En effet, non seulement la masse devient une fonction de la vitesse, mais les différentes espèces de masses deviennent des fonctions différentes de la vitesse. La masse newtonienne aura elle-même un double caractère suivant qu'on la considèrera le long de la trajectoire qu'elle décrit, c'est-à-dire longitudinalement ou dans une direction transverse. Au contraire, la masse maupertuisienne sera unique, elle sera en quelque sorte plus scalaire, moins vectorielle.

Autre différence, le coefficient d'intervention de la vitesse

$$\alpha = \sqrt{1 - \frac{v^2}{c^2}}$$

agira en raison inverse de la troisième puissance dans la masse newtonienne longitudinale, en raison inverse de la première puissance dans la masse maupertuisienne.

On objectera que l'effet de ce coefficient est d'habitude si petit qu'on ne voit aucune raison expérimentale pour rompre la solidarité de la notion maupertuisienne et de la notion newtonienne. La première approximation aurait alors un sens réaliste décisif, elle serait une raison suffisante pour relier des concepts séparés. Cela serait peut-être légitime, si nous avions d'abord pris possession de la réalité à déterminer. En effet, si | la masse était une réalité vraiment initiale, on concevrait 113 qu'on pût affiner sa détermination de plusieurs manières et l'on s'étonnerait moins que la deuxième approximation reçût les traces de la diversité de notre examen. Mais à suivre l'effort de la pensée scientifique, on s'aperçoit aisément que la masse est d'abord une *notion*, et même qu'elle joue le rôle de *notion dérivée* à l'égard des notions de force, d'impulsion, d'accélération, de vitesse, toutes entités qui ont, elles, des racines directes et évidentes dans l'expérience.

Dès lors, si la deuxième approximation manifeste une divergence, il ne s'agit plus seulement d'un détail jouant à la surface de l'être, mais d'une véritable bifurcation dans les voies de la construction, d'une dualité de la théorie. Et cela est très important pour notre thèse. Nous prétendons en effet que la pensée relativiste, moins que toute autre pensée scientifique, ne *part* pas du réel, mais qu'elle y *tend*. C'est donc la deuxième approximation qui dirige la perspective du réel. Le caractère pragmatique de l'application n'a nul pouvoir de sanctionner ou d'infirmer la pensée fine.

Si l'on prétendait maintenant que l'une et l'autre définition de la masse se réconcilient dans le concept de quantité de matière puisque cette « quantité de matière » peut être considérée comme faisant obstacle aussi bien à l'impulsion qu'à la force, il nous suffirait encore de montrer que le concept de « quantité de matière » ne saurait être qu'un concept vague qui ne peut par conséquent avoir qu'un rôle préalable. Loin d'être une base profonde de notre connaissance du réel, une telle idée de la masse n'est posée que provisoirement et elle n'accède à la précision qu'en s'incorporant aux caractères cinématiques nettement définis, clairement inscrits dans l'expérience immédiate. En somme, la relativation avait déjà touché la notion de masse dès qu'on avait identifié cette masse à un simple rapport de deux éléments, en quelque sorte plus expérimentaux, comme la vitesse et l'impulsion. Finalement, le concept de masse qu'une philosophie réaliste mettrait facilement au rang des prédicats les plus simples, les plus évidents, les plus péremptoires du réel, apparaît, dans la science relativiste, comme irrémédiablement divisé et le fait même que la relation de la masse avec l'idée de quantité de matière ne se traduit pas par la même fonction dans les constructions maupertuisienne et newtonienne montre le caractère informe du pseudo-concept de base que représenterait cette idée de quantité de matière. La masse est donc bien une notion tardive, définie par des fonctions qu'il faut d'abord élucider.

Or, ces fonctions, examinées d'un point de vue relativiste, apparaissent étroitement impliquées dans les systèmes de références. Parler d'une | masse au repos c'est accentuer encore la relativation de son concept, puisqu'ainsi que nous l'avons remarqué le repos ne saurait être posé que comme relatif à un système d'axes. Cette masse au repos n'a donc aucun caractère d'absolu. Elle sert de base pour trouver la masse dans un système d'axes mobiles, mais son caractère simple n'est admis que par convention, et seulement parce qu'on convient de choisir un système d'axes liés au corps considéré. Vue d'un autre système, la même masse serait frappée de certains coefficients qui sont fonctions de la vitesse relative.

D'ailleurs, cette masse au repos, elle s'introduit plutôt comme un postulat que comme le symbole d'une réalité. Pour la saisir en tant que réalité, il faudrait la considérer dans son action, telle que cette action apparaît dans la théorie du mouvement ou la théorie du choc. Cela revient à dire qu'il faudrait faire sortir la masse du repos pour la définir au repos. On tente de réduire l'antinomie. On est amené alors à amenuiser la notion, à la situer sur un domaine très étroit. Elle ne prendra même sa véritable signification que par un passage à la limite. Pour définir la masse au repos, J. Becquerel procédera de la manière suivante[1]. Étant donnée, dans un système de référence S, une masse en mouvement avec la vitesse v à l'instant t, on introduit un second système S' | ayant au même instant la **116** même vitesse v que S. Le mobile a, dès lors, à l'instant considéré, une vitesse nulle par rapport à S'. Dans le système S', on écrira alors l'équation fondamentale de la mécanique classique qui pose la proportionnalité parfaite de l'accélération et de la force. On suppose sans doute que d'une part le mouvement de la masse considérée et d'autre part le mouvement du système S' vont diverger et par conséquent que la masse va sortir du repos à l'égard de S' lui-même et manifester dans S' une accélération. Mais on resserre la validité de l'équation fondamentale de la dynamique sur l'instant infinitésimal où le mobile sort du repos. Autrement dit, on postule que les

1. *Ibid.*, p. 98.

« équations classiques sont exactes à la limite ». Le fait que ce soit une mécanique familière dont on postule ainsi la validité à la limite ne doit pas masquer tout ce qu'il y a d'audacieux dans cette extrapolation. C'est en effet une extrapolation d'ordre qualificatif qu'on se permet ; or, en étouffant des variables, on risque d'obscurcir l'essence. Quand la pensée s'est convaincue de la clarté interne des doctrines relativistes, c'est au tour des anciennes doctrines de perdre leur force d'évidence et l'on s'aperçoit tout à coup qu'il est nécessaire d'introduire sous forme de simples postulats des notions qu'on estimait naturelles.

En résumé, loin d'être indifférente à la référence comme dans l'ancienne mécanique, la | masse relativiste apparaît étroitement conditionnée par la référence. Elle est fonction de la vitesse. Elle varie suivant son propre rôle. La base de sa définition nécessite qu'on considère un repos naturellement relatif ; on ne peut d'ailleurs définir la masse dans ce repos relatif qu'à condition de la saisir dans l'instant infinitésimal où elle le quitte. Toutes ces difficultés convaincront peut-être que le concept de masse est très loin de l'expérience commune et que la masse n'a aucune qualité pour symboliser le réel.

V

Mais la perte d'individualité de la masse va apparaître encore plus complète. Nous allons voir, en effet, que la masse est en quelque manière une forme d'énergie, et cela mathématiquement parlant. Il sera alors possible de l'échanger avec d'autres formes d'énergie, de l'accroître ou de la diminuer en augmentant ou en diminuant l'énergie qu'elle paraissait jadis simplement emmagasiner. Bref, on va profiter encore une fois de l'*élargissement de l'homogénéité* pour mêler les genres, pour dissoudre certains caractères en accentuant des méthodes particulières de référence.

Ainsi il est facile de voir que le caractère massique | est **118** susceptible d'absorber ou du moins de voiler le caractère énergétique. Il suffit pour cela de suivre, par exemple, le calcul de J. Becquerel [1] et de le comparer au calcul correspondant dans la mécanique classique. On part dans l'un et l'autre cas des équations fondamentales de la dynamique développées sur trois axes. Soient les équations :

$$\frac{d}{dt}\left(m\frac{dx}{dt} \right) = F_x$$

$$\frac{d}{dt}\left(m\frac{dy}{dt} \right) = F_y$$

$$\frac{d}{dt}\left(m\frac{dz}{dt} \right) = F_z$$

pour la mécanique classique ; et

$$\frac{d}{dt}\left(\frac{m_0}{\alpha}\frac{dx}{dt} \right) = F_x$$

$$\frac{d}{dt}\left(\frac{m_0}{\alpha}\frac{dy}{dt} \right) = F_y$$

$$\frac{d}{dt}\left(\frac{m_0}{\alpha}\frac{dz}{dt} \right) = F_z$$

pour la mécanique relativiste. Ces dernières équations ne diffèrent des précédentes que par la présence du paramètre

$$\alpha = \sqrt{1 - \frac{v^2}{c^2}}$$

1. *Ibid.*, p. 102-103.

119 qui ne | paraît devoir, au premier abord, que jouer le rôle d'une rectification à la masse usuelle.

Cela étant, dans chacune des mécaniques, on multiplie les trois équations respectivement par dx/dt, dy/dt, dz/dt et l'on additionne.

Dans le premier cas, m qui est une constante sort du signe de dérivation et l'on obtient immédiatement l'équation des forces vives qui, intégrée, donne la relation :

$$\frac{mv^2}{2} = W + C^{te}$$

W étant le travail des forces appliquées.

Dans le second cas, le jeu de la dérivation apparaît comme plus complexe, puisque le terme en α contient v, fonction du temps. Cette intervention modifie du tout au tout les rapports fonctionnels des entités en présence ; à en étudier le développement, on est moins disposé à considérer le cas classique comme une détermination approchée du cas relativiste ; on voudrait au moins que l'approximation ne masquât pas les possibilités, les diverses mobilités. Rien de plus grave en effet que d'oublier une cause de variation du phénomène surtout quand on examine ce phénomène par les voies du calcul différentiel. Dans cet ordre d'idées, nous avons signalé ailleurs une erreur de Fourier relevée par Poisson.

120 | Ici, la Relativité part seule d'une base correcte et c'est une base en quelque sorte sensibilisée. Malgré cela, elle aboutit à une formule où bien des éléments essentiels semblent effacés. Toutes les intégrations faites, cette formule est la suivante :

$$mc^2 = W + C^{te} .$$

Elle correspond à l'équation classique des forces vives. Mais, si l'on n'y prenait garde, on ne retrouverait plus sous cette forme le caractère cinématique de l'équation des forces

vives. Seule la vitesse de la lumière c y intervient explicitement et c'est une constante générale. En réalité, la vitesse du
mobile considérée y joue un rôle, mais indirectement, à travers
les caractères de la masse. Sans doute, on pourra, en rem-
plaçant m par sa valeur en fonction de la masse au repos,
expliciter la vitesse telle qu'elle apparaît dans le système S où
m est mobile ; mais cette explicitation sera toujours entachée
de relativisme. Jamais nous n'arriverons à analyser la fonction
m pour y trouver deux éléments *entièrement indépendants*,
comme il conviendrait si l'on avait affaire à deux caractères du
donné, masse et vitesse, séparés en deux genres distincts et
sans communication. Une espèce de *relativisme de la qualité*
solidarise indissolublement les deux notions ; aucun moyen
d'atteindre une qualité absolue, une masse qui ne serait que
masse, qui serait indifférente à la vitesse avec laquelle elle
coopère pour donner une énergie ; | en un mot sur cet exemple, **121**
il semble impossible de donner à la notion de masse la parfaite
indépendance qu'elle a dans une formule de dimensions.
L'homogénéité jusque là si sévère accepte des compromis-
sions. D'ailleurs, même si l'on prétendait éliminer la vitesse
et atteindre la masse au repos, on sait bien qu'on ne touche
là qu'une définition par rapport à un système de référence
particulier. Au surplus, dès qu'on veut considérer la masse
dans son action énergétique, sa vitesse – sa vitesse *relative*
à un système d'axes – vient interférer avec la masse au repos
frappée elle-même de relativité essentielle. Il est donc impossible d'isoler absolument, par une analyse des qualités, la
notion de masse quand on examine cette masse dans sa valeur
et dans son rôle énergétiques. Tout cela nous justifie peut-être
de parler d'une absorption des caractères énergétiques par les
caractères massiques. En tout cas, nous voyons que l'analyse
des qualités ne va pas sans briser des liens essentiels. Dès lors

on ne peut comprendre la notion de masse que dans ses implications qualitatives, dans ses rapports avec les éléments de la référence, en l'intégrant à un système d'espace-temps. La masse n'est donc pas un être qu'on trouve dans l'espace et dans le temps, indifférent à l'espace et au temps, dans un tranquille absolu. La masse est au contraire inscrite dans l'espace-temps, elle en est un des caractères et en tant que caractère de l'espace-

122 temps, | elle est pénétrée de relativité. Temps, espace, matière sont engagés dans une relativité à trois pôles entre lesquels les références diverses opèrent des échanges. On ne peut pas plus placer la matière hors du temps que de l'espace, ce qui revient à dire qu'on doit la saisir comme énergie. C'est là un aspect nouveau sur lequel nous devons insister.

VI

Comme on le sait, on a été amené à attribuer une masse à l'énergie, ce qui achève la réciprocité des deux notions. Einstein a développé cette théorie à propos de l'énergie rayonnante, c'est-à-dire de l'énergie qui semblait la plus dégagée qui soit d'un support matériel, dans sa thèse plus que dans toute autre puisque l'éther einsteinien a perdu toute réalité en tant que milieu physique. Cette démonstration est, de l'avis d'Einstein lui-même, un des résultats les plus importants de la doctrine de la Relativité.

On pourrait être tenté de voir là une manière de substantialisation d'un attribut par laquelle on ramènerait, si l'on peut s'exprimer ainsi, le moins réel (l'énergie) au plus réel (la masse). Mais la critique que nous venons de faire doit nous

123 écarter de cette séduction réaliste. La masse ne | désigne pas un absolu. L'énergie, du fait de sa constitution comme masse, ne

s'institue donc pas comme une réalité absolue ; elle reste même éminemment sensible aux mutations de la référence.

D'ailleurs, dans la Relativité, le principe de conservation de l'énergie se confond avec le principe de la conservation de la masse. Cette confusion dément, d'une manière péremptoire, aussi bien la réalité de la masse que la réalité de l'énergie. En s'élargissant, il semble que le principe de conservation pénètre dans un domaine d'abstractions ; en tout cas, il échappe définitivement à la vérification expérimentale. On pouvait déjà objecter que le principe d'équivalence du travail et de la chaleur était une définition déguisée de l'énergie calorifique. Au fond l'expérience nous montre toujours des dissipations irrémédiables d'énergie noble ; c'est donc par un décret arbitraire d'équivalence qu'on donne les mêmes titres à la chaleur et au travail. Mais ici l'objection irait plus loin encore puisqu'on découronne les concepts expérimentaux de leur valeur et de leur sens. Si masse et énergie sont interchangeables, les principes qui commandaient leur évolution respective laissent fuir la matière qu'ils informaient. Quant au cadre conservatif qui les reçoit et qui règle leurs transformations réciproques, il ne peut être, par la seule vertu conservative, le signe de la réalité de ce qui se conserve, | tant qu'on n'a pas fait la preuve de la 124 généralité complète du principe de conservation.

Précisément, la synthèse des notions de masse et d'énergie s'est montrée insuffisante et l'on a été amené à intégrer le complexe masse-énergie dans un complexe plus élevé. La mécanique classique utilisait en effet, d'une manière distincte, un troisième principe de conservation, celui de la quantité de mouvement. Le développement de la relativation conduisit à adjoindre ce principe aux deux précédents et en solidarisant les trois caractères : masse, énergie, quantité de mouvement,

on aboutit à un principe unique de conservation, celui de la
conservation de l'impulsion d'univers.

Ce principe accède à une région nouvelle, car il échappe à
la relativité. C'est donc ici que se placent le bilan des diverses
entités tirées de l'expérience immédiate, la règle de leur muta-
tion, la limite de leur mutabilité. Alors que tous les caractères
composants se révèlent sous une dépendance manifeste de
la référence, la composition apparaît inattaquable du dehors ;
aucune variation dans le système des axes de l'espace-temps
ne peut troubler le principe de la conservation de l'impulsion
d'univers. C'est d'ailleurs en cherchant cette invariance qu'on
a été conduit à cette notion d'impulsion généralisée.

Nous aurons à nous demander si c'est là le signe suffisant
125 de la Réalité. En tout cas, il ne | peut s'agir que d'une réalité
éminemment théorique, bien éloignée d'un objet qu'on trouve,
qu'on décrit, qu'on saisit, par des attributs évidents et immédiats. Sur ce premier exemple, on voit la Réalité relativiste
apparaître à l'extrême pointe d'une construction ; elle est clairement solidaire d'une méthode de construction. C'est donc
une fonction épistémologique tardive qu'on ne peut comprendre si on la retranche du mouvement qui la produit. En particulier, il ne servirait à rien de la postuler tant qu'on n'a pas fixé
les critères qui la justifient. Or une organisation de critères est
une tâche entièrement discursive. Le réel se démontre, il ne se
montre pas.

VII

Mais il n'est pas encore temps d'aborder les critères
pouvant définir la Réalité. La Relativité, au point où nous
en sommes, n'a pas encore épuisé sa force d'induction

réalistique ; il reste des caractères à rapprocher et à totaliser. Mais les additions que nous avons à décrire sont d'un type nouveau : il semble qu'elles correspondent à une relativation dans le sens de la compréhension, en profondeur, alors qu'il ne s'agissait jusqu'ici que d'une relativation dans le sens de | l'extension, en surface. En effet, la corrélation de la masse et 126 de l'énergie sur laquelle nous venons d'insister longuement ne joue que sur un plan unique ; elle associe des caractères qui sont au même niveau expérimental. Les doctrines de la Relativité vont pénétrer plus avant, en réunissant la masse inerte et la masse pesante, car cela revient à assimiler une qualité inhérente à un corps particulier (l'inertie) et une qualité dont la racine est, en quelque manière, contingente, en tout cas externe au corps considéré (la pesanteur). On a ainsi un premier exemple de la corrélation d'une force et de la structure de l'espace-temps. C'est un instant décisif de la Relativité où l'on voit s'effacer une antériorité logique, celle de la force vis à vis de sa manifestation, autrement dit, de la cause vis-à-vis de l'effet. Par ce trait, la Relativité nous paraît devoir modifier d'une manière aussi complète les principes du causalisme et ceux du réalisme. Les deux évolutions sont d'ailleurs parallèles qui conduisent à une relativation des caractères du réel et à une relativation des manifestations causales.

Essayons de caractériser cette fusion décisive. D'abord, on étend la corrélation de la pesanteur et de l'inertie, à laquelle la mécanique classique nous avait accoutumés, au cas même où il s'agit de la masse d'une énergie. Une induction hâtive pourrait admettre que cela va de soi, un caractère entraînant l'autre. Si l'on songe cependant | à la faible valeur réalistique de la 127 « masse », on doit toujours craindre qu'elle n'intervienne pas, comme le ferait une chose, avec tous ses caractères indissolublement réunis mais qu'au contraire une différence soit

maintenue, la masse matérielle réagissant à un champ de gravitation, alors que la masse énergétique resterait insensible au
même champ. Comme le remarque J. Becquerel :

> La dynamique de la relativité restreinte a pour conséquence
> la loi, vérifiée d'ailleurs par l'expérience, de l'inertie de
> l'énergie, mais n'implique pas *a priori* que l'énergie soit
> pesante. Une question capitale se pose donc : la pesanteur est-
> elle, comme l'inertie, une propriété de l'énergie ? Est-elle liée
> à l'inertie ? Lorsque la *masse inerte* d'un corps change avec
> son énergie totale, en est-il de même de la *masse pesante* [1] ?

C'est l'expérience seule qui peut légitimer la réunion des
deux concepts. Cette expérience est décisive. On connaît
l'effet du champ de gravitation solaire sur un rayon lumineux
venant d'une étoile, cet effet a été mis en évidence pour la
première fois lors de l'éclipse de mai 1919. J. Becquerel
s'appuie également sur les expériences d'Eotvös. Elles ont
une grande importance pour l'analyse des relations entre la
pesanteur et l'inertie. Rappelons-en le principe. À l'aide de la
128 balance de torsion, Eotvös a vérifié que la direction | de la
verticale est la même pour tous les corps. Ce qui fait la valeur
de cette vérification, c'est son extrême précision, l'exactitude
est en effet assurée au vingt-millionième près. Or la direction
de la verticale est celle de la résultante de la force d'attraction
terrestre, pesanteur pure, et de la force centrifuge due à la
rotation de la Terre. Mais la force centrifuge est une force
d'inertie, elle est donc proportionnelle à la masse inerte. Elle
est d'ailleurs, pour le dire en passant, entièrement descriptible
en termes cinématiques avec la seule adjonction d'un facteur
propre au corps considéré, à savoir sa masse inerte. Dans ces

---

1. *Ibid.*, p. 125.

conditions, si le poids – qui est posé naturellement comme proportionnel à la masse pesante – n'était pas également proportionnel à la masse inerte, la composition des deux forces (centrifuge et pesante) serait affectée pour chaque corps de coefficients particuliers et la verticale n'aurait plus une direction unique, en un même point du globe, pour des corps différents.

Remarquons-le encore, la force de pesanteur paraît conditionnée par des facteurs beaucoup plus externes que la force centrifuge. D'un point de vue philosophique, on peut dire que la force de pesanteur est assimilable à une cause extérieure, produite par d'autres corps que le corps considéré. Le rapprochement de la masse inerte et de la masse pesante mériterait d'arrêter longuement le philosophe. On va d'ailleurs voir que | ce rapprochement conduit à une des plus grandes conquêtes **129** de la pensée relativiste.

C'est en méditant des notions extrêmement simples et familières qu'Einstein a fondé sa doctrine de l'équivalence d'un champ de gravitation et d'un champ d'inertie. J. Becquerel l'expose en termes particulièrement nets :

D'après la loi du mouvement, on a (pour les faibles vitesses) :

force = masse inerte × accélération,

c'est-à-dire que la masse inerte (masse au repos) est caractéristique du corps accéléré.

Si la force est le poids du corps, on a :

force = masse pesante × intensité du champ de la pesanteur.

La masse pesante étant également une caractéristique du corps. Il suit de là :

$$\text{accélération} = \frac{\text{masse pesante}}{\text{masse inerte}} \times \text{intensité du champ.}$$

Puisque l'expérience prouve que, dans un même champ de pesanteur, l'accélération est indépendante du corps, le rapport

$$\frac{\text{masse pesante}}{\text{masse inerte}}$$

est une des constantes indépendantes de la nature du corps et si l'on choisit les unités de façon que ce rapport soit égal à l'unité, la masse pesante est égale à la masse inerte et d'autre part l'accélération est égale à l'intensité du champ.

130 | Il y a longtemps que la mécanique a *enregistré* ce résultat, mais personne ne l'avait *interprété*. L'interprétation est celle-ci : la même qualité d'un corps se manifeste selon les circonstances, soit comme inertie, soit comme pesanteur ; en termes plus précis : *La force de gravitation est une force d'inertie*[1].

Mais si la même qualité d'un corps peut nous apparaître soit comme inertie, soit comme pesanteur, nous allons pouvoir modifier, par le choix approprié d'une référence, le champ de gravitation, puisque nous pouvons à notre gré créer des champs d'inertie. Ce qui semblait jusqu'ici s'imposer à la référence va pouvoir être absorbé par elle. Nous atteignons ainsi un principe d'équivalence susceptible, croyons-nous, d'éclairer toute une philosophie. J. Becquerel le commente en ces termes :

l'emploi d'un système de référence en mouvement équivaut à créer un certain champ de gravitation dans lequel ce système pourra être considéré comme immobile ; …d'autre part, l'emploi d'un système de référence lié à un corps en chute libre dans un champ de gravitation revient à supprimer ce

1. *Ibid.*, p. 130.

champ. Dans toute portion d'espace il est impossible de se
prononcer entre les deux interprétations suivantes : 1) il existe
un état de mouvement, non uniforme, sans champ de
gravitation ; 2) le système envisagé est au repos, mais | il **131**
règne dans la région considérée un champ de gravitation
s'exerçant sur toute portion d'énergie. Il est donc impossible
de distinguer un champ de force d'inertie dû à un état de
mouvement et un champ de gravitation. Il y a *équivalence*,
selon l'expression d'Einstein [1].

Ce principe nous semble transformer l'équation
fondamentale de la dynamique en identité et achever ainsi une
évolution dont on trouverait une première ébauche dans le
principe de d'Alembert. On sait que ce dernier principe permet
de ramener la mise en équation d'un problème de dynamique à
celle d'un problème de statique. Il consiste à examiner, par
l'artifice des déplacements virtuels, « l'équilibre » de la résultante des forces appliquées en un point et d'un vecteur égal
et opposé au produit de l'accélération par la masse de ce
point. Ce vecteur a un caractère factice évident. Comme le dit
P. Appell, [2] on l'appelle « force d'inertie, quoique ce ne soit
nullement une force appliquée au point ». C'est pourtant une
telle assimilation de l'inertie et de la force que les doctrines
einsteiniennes n'hésitent pas à parfaire. Les deux membres
de l'équation fondamentale de la dynamique paraissaient
séparés par un dualisme irrémédiable et, en quelque manière,
philosophique, l'un des termes (la force | appliquée) appar- **132**
tenant à l'ordre de la réalité, l'autre terme (la force d'inertie)
à l'ordre de la détection. Et voici qu'entre les deux membres,

1. *Ibid.*, p. 132.
2. P. Appell, *Traité de Mécanique rationnelle*, Paris, Gauthier-Villars,
1893, t. I, p. 518.

le principe d'équivalence einsteinien justifie toutes les substitutions ! Il établit l'homogénéité philosophique de notions qui n'avaient reçu jusque là que l'homogénéité conventionnelle des définitions convenablement ajustées. C'est seulement à la lumière de ce principe que l'expérience d'Eotvös prend son véritable sens. Cette expérience est au fond une vérification d'homogénéité, elle prouve la parfaite équivalence d'une force d'inertie et d'une force d'attraction gravifique.

Cependant l'effacement du réel par la référence reste partiel et limité. Il ne peut en effet s'accomplir pratiquement que dans une région peu étendue et même, absolument parlant, infiniment petite. « Aucun champ de gravitation produit par la matière n'est uniforme ; aucun système de référence ne peut annuler un champ de gravitation dans toute son étendue : on ne peut supprimer un champ que localement »[1]. Ainsi le réel ne se laisse pas dominer globalement par la référence. On peut même dire que, par certains caractères, la solidité du réel parvient à manifester une résistance où l'ensemble réagit à une attaque partielle. En effet la référence n'arrive à dissoudre le 133 réel par place qu'en accentuant | ailleurs la « valeur » de ce réel. Par exemple, un observateur en chute libre à la surface de la Terre verrait s'annuler le champ de gravitation en passant par les différents points de sa trajectoire, mais en revanche cette annulation se traduirait par un champ de pesanteur doublé aux antipodes.

Il semble que nous touchions ici un nouveau signe du réel : il se révèle riche d'une complexité d'ordre algébrique.

---

1. J. Becquerel, *Le principe de la Relativité et la théorie de la gravitation*, *op. cit.*, p. 133.

Autrement dit, grâce au caractère complexe de la géométrie du réel, sa description algébrique finit par déborder toutes les ressources d'osculation de nos systèmes de référence.

Au terme de l'évolution que nous venons de retracer, on ne peut manquer d'être étonné, croyons-nous, de cette soudaine résistance du réel. L'action qu'on fait dans le détail, on est porté à croire qu'on peut l'étendre à l'ensemble. En fait, ne peut-on espérer trouver des systèmes de référence qui épouseraient mieux les symétries des champs qualifiés de réels, qui attaqueraient ces champs plus insidieusement, en s'insinuant plus finement dans leurs détails et les diverses inflexions de leurs changements ? Certes, de tels systèmes perdraient du même coup leur valeur d'explication, car un système de référence doit être une méthode et comme telle organiser avec une économie évidente et claire un ensemble de repères. Si la fonction de la réalité est de déborder par sa richesse la référence, inversement la fonction de | la référence est peut-être, **134** dans sa tâche de simplification, de restreindre systématiquement la dépense en cadres et repères. Il n'en est pas moins vrai que des systèmes de géométrie de plus en plus complexes auraient une portée philosophique considérable puisqu'ils justifieraient, en la réglant, la totale substitution de la référence à la réalité.

VIII

Dans une tout autre voie, on a trouvé une résistance semblable. Un instant, la pensée constructive a paru se buter contre le fait électrique. Autrement dit, on a pu penser que l'électricité allait jouer désormais le rôle de réalité opaque, de donnée inassimilable, susceptible seulement d'être *décrite*

dans sa distribution et ses caractères. La nature nous aurait
ainsi réservé, comme le dit A. Eddington, une grosse surprise :
l'électricité. On tiendrait là un facteur d'hétérogénéité essentielle. En admettant même que l'étendue en compliquant ses
formes et ses rapports n'arrive pas à constituer l'être physique,
voici une propriété nouvelle, extérieure à toute métrique, qui
va rendre de la consistance à la matière si laborieusement
subtilisée.

135   À vrai dire, par son phénomène mécanique au | moins,
l'électricité pourrait se raccorder avec la ligne de relativation
que nous avons décrite. D'ailleurs la Relativité elle-même
nous présente un cas où une induction particulièrement ingénieuse permet de passer d'une force électrique à une force
mécanique. En effet ce sont les lois de l'électro-magnétisme
qui ont tout d'abord permis de fixer la transformation mathématique du champ électrique d'accord avec la transformation
de coordonnées de Lorentz. On pourrait craindre, dans ces
conditions, que les forces, qui n'auraient pas une origine
électrique, se transformassent algébriquement d'une manière
différente des forces électriques. Guidé alors par un réalisme
tenace, on comprendrait que toute force gardât une individualité ressortissant à sa nature particulière et que la transformation des forces déduite des nécessités électro-magnétiques
s'incorporât seule à la transformation des coordonnées
proposée par Lorentz. Cette crainte est si peu chimérique
que le Relativiste se voit obligé de prouver l'identité des
transformations des vecteurs forces dans le cas électrique et
dans le cas purement mécanique. Il le fait en ces termes. Bien
que les équations de la dynamique relativiste soient d'abord
« établies dans un cas particulier, celui de la force électrique,
ces équations s'appliquent à une force quelconque : suppo-
136 sons, | en effet, qu'une force mécanique, telle que la tension

d'un ressort, fasse équilibre à l'action exercée par un champ électrique sur un corps électrisé ; ce sera un fait absolument indépendant de tout observateur, un fait sur lequel tous les observateurs de tous les systèmes devront se trouver d'accord. Il est donc nécessaire que, dans le passage d'un système S à un système S', les composantes de la force mécanique se transforment suivant la même loi que la force électrique » [1].

Mais cette assimilation de l'électrique au dynamique reste superficielle. Une fusion a été proposée par H. Weyl à un niveau beaucoup plus profond que le phénoménisme mécanique. Cette fusion apparaît au terme du processus de relativation puisqu'en constituant une véritable géométrie du caractère électrique, elle met ce caractère en liaison réciproque avec les caractères purement mécaniques qui nous ont retenus jusqu'ici.

La méthode de H. Weyl consiste essentiellement dans un élargissement de l'axiomatique. Cet élargissement, en règle générale, est à la base de tous les grands progrès de l'idée relativiste. Il continue un mouvement qui avait donné naissance aux géométries non-euclidiennes, en supprimant des axiomes et des restrictions non nécessaires. Voici sa signification essentielle. On avait déjà supposé la non-intégrabilité de la direction ; | restait un postulat caché au sujet de l'intégrabilité 137 du vecteur représentant une longueur ; en d'autres termes, avant les travaux de H. Weyl, on supposait tacitement que l'unité de longueur ne variait pas dans un déplacement et que, conséquemment, l'unité de longueur gardait la même valeur après un cycle fermé de transformations dans l'espace. Qu'on abandonne maintenant le postulat de l'intégrabilité de

1. *Ibid.*, p. 100.

la longueur et dans la pangéométrie ainsi constituée (la géométrie des jauges) on se rendra compte que le champ électro-
magnétique est entièrement définissable par les moyens
algébriques.

On arrive ainsi à une doctrine assez large pour réunir, dans
le même système de référence, le champ d'inertie, le champ de
gravitation et le champ électro-magnétique. L'achèvement de
cette doctrine soulève cependant des difficultés qui sont loin
d'être éclaircies. Comme le dit Louis de Broglie, la nature du
champ électro-magnétique conserve encore son mystère. Mais
le sens de la tentative de H. Weyl doit retenir l'attention
de l'épistémologue. Cette tentative est propre, croyons-nous,
à préparer cette conclusion : l'unité mathématique qui se
constitue dans une axiomatique de la Physique commande
entièrement l'unité du phénomène.

LIVRE II

CHAPITRE IV

LE CARACTÈRE FORMEL
DES PRINCIPES RELATIVISTES

I

Les principes relativistes, quand on les prend à leur racine, apparaissent nettement *a priori*. Ils sont, en fait, éloignés de l'expérience immédiate. On ne les tire pas de l'examen de la réalité, mais d'une réflexion sur les conditions de réalité. Autrement dit, les principes généraux de la Relativité sont des conditions d'objectivité plutôt que des propriétés générales de l'objet. Et c'est seulement par une réciproque que l'on trouve ce que l'objet a de général en examinant la coordination de sa détection.

| D'ailleurs un corps de conditions est une organisation **140** purement formelle. Il vise à établir le plan du possible plutôt que la carte du réel. C'est quand la possibilité aura bien coordonné ses formes qu'on essaiera d'aborder l'expérience.

Dans un livre d'une grande richesse philosophique – encore
qu'il prétende n'avoir rien à dire « à ceux dont l'intérêt dans
la question est principalement mathématique ou philosophique » – N. R. Campbell a marqué fortement cette position *a
priori* et formelle des principes de la Relativité. Il compare ces
principes à ceux de la thermodynamique. La thermodynamique n'est-elle pas en effet, entre toutes, une science de la
possibilité, un catalogue des règles *a priori* que doivent suivre
les transformations énergétiques ? Certes, elle utilise des
notions expérimentales et des lois données par des observations et des mesures, mais ses principes « n'expliquent pas
ces lois dans le sens où l'on dit que les théories expliquent les
lois ; …ils posent plutôt les conditions que doivent remplir les
lois possibles de ce groupe. Exactement de la même façon, les
principes de relativité embrassent un certain groupe de lois
concernant les sensations primaires d'une certaine espèce. Les
lois sont les *lois de mouvement* et les sensations primaires sont
celles du changement de position. Et tout à fait de même, les
141   principes | ne prétendent pas expliquer ces lois (pour le moins
dès le début), mais plutôt établir quelles espèces de lois sont
possibles »[1].

Campbell remarque très justement ensuite que les lois du
mouvement au sens newtonien déterminent les circonstances
du mouvement, tant dans sa naissance que dans ses changements. Avec Newton, il s'agissait bien du mouvement pris
comme une réalité immédiate et son étude était posée en terme
d'expérience commune. Le mouvement était vu dans sa force
de causalité, aussi intérieurement que possible, bref avec le

---

1. N. R. Campbell, *Théorie quantique des spectres. La Relativité, op. cit.*,
p. 117.

maximum de sa réalité. Au contraire, l'étude que la Relativité
fait du mouvement est tout extérieure, elle n'entreprend pas de
pénétrer jusqu'aux moyens par lesquels le mouvement est
produit ou maintenu. La Relativité se place au point de vue
de l'extension des lois. Elle tend à déterminer comment les
phénomènes les plus variés pourraient être affectés du fait de
leur mouvement ; autrement dit, par une espèce de renver-
sement du causalisme, la Relativité cherche quel retentissement les transformations extérieures cinématiques peuvent
avoir sur les caractères dynamiques intérieurs des systèmes
considérés.

Ce n'est d'ailleurs pas l'expérience qui sera amenée à
résoudre ce problème. Une expérience de la Relativité prise
en son premier principe consisterait à comparer les observations d'un même système faites par deux observateurs en
|mouvement relatif. Or :   **142**

> Jamais – dit Campbell – dans l'histoire de la science, deux
> observateurs en mouvement l'un par rapport à l'autre n'ont
> rien fait qui puisse être appelé des observations scientifiques
> sur le même système. La grande majorité des observations et
> toutes les observations réellement précises ont été faites par
> des observateurs en repos par rapport à la terre et par
> conséquent (si les observations sont faites au même moment)
> en repos l'un par rapport à l'autre. Des observations rela-
> tivement grossières ont sans doute été faites par des obser-
> vateurs voyageant dans des trains de chemin de fer, sur des
> navires ou des aéroplanes, mais il est très rare, en admettant
> que cela arrive, pour les systèmes qu'ils observent d'être
> observés en même temps par des observateurs en repos sur
> la terre. Il est difficile d'évoquer un seul exemple dans lequel
> la première conception caractéristique des principes de

relativité ait été réalisée d'une façon complète, et il est
absolument certain qu'elle n'a jamais été réalisée quand il
s'agissait d'observations de grande précision[1].

On ne peut objecter ici l'expérience de Michelson qui
serait précise au deuxième ordre de l'approximation, si elle
était positive. En effet dans toute cette expérience, l'observateur terrestre prétend susciter un observateur absolu, lié
143 à | l'éther. Cet observateur absolu reste fictif. Au surplus,
c'est précisément cet observateur absolu ou pour parler d'une
manière plus expérimentale, c'est le physicien chargé de
l'expérience « longitudinale » qui n'observe rien. Il ne voit pas
la composition de la vitesse de translation avec la vitesse de
la lumière. Le Relativiste ne voit d'ailleurs pas davantage la
contraction de Lorentz. Il ne l'expérimente pas. Il l'infère. Il la
prend comme une possibilité ; il s'aperçoit ensuite qu'elle se
coordonne à un système de formes. On est donc bien dans le
domaine de l'*a priori*, non de l'expérience.

Mais une combinaison d'expériences non réalisables peut
fort bien conduire, remarque encore N. R. Campbell, à des
prévisions concernant des expériences possibles. Il suffit pour
argumenter que les premières expériences soient concevables.
C'est donc à la simple question de la concevabilité des principes qu'il faudra d'abord s'attacher. Puis on postulera que ce
qui est concevable est possible. Autrement dit on se référera à
une possibilité *a priori*, qu'aucune expérience n'instruit, qui
n'est gardée que par les limites de l'impossibilité rationnelle.
On aura donc, croyons-nous, légèrement élargi la possibilité
du réel pour en faire une possibilité de l'idéal. Ce qui nous
guidera, ce ne sera pas l'expérience réalisable – c'est-à-dire

1. *Ibid.*, p. 119.

ce qui est possible expérimentalement –, mais l'expérience concevable, c'est-à-dire ce qui est | possible à imaginer et à **144** coordonner à d'autres expériences possibles.

Il y a là, à notre avis, une nuance très faible qui cependant décide de tout et c'est dans la confusion de ces deux possibles que prennent naissance les différends entre les relativistes et les physiciens de laboratoire. Les physiciens pensent toujours à des expériences réelles, les relativistes à une possibilité d'ordre mathématique. Or il s'agit d'une expérience possible, mais tout à fait irréalisable. C'est parce qu'elle est possible qu'elle peut suggérer des expériences réalisables et prendre place ainsi, indirectement, dans le réel. C'est parce qu'elle est irréalisable qu'on peut la définir parfaitement comme une forme, comme un *a priori*, sans souci des limitations qu'impose une expérience réelle, sans égard pour le caractère plus ou moins approximatif et pour la multiplicité des différentes déterminations. Les principes de la Relativité ont ainsi par un certain côté un caractère véritablement absolu.

On ne se trouve d'ailleurs pas, en Relativité, dans une situation aussi singulière qu'il peut paraître à première vue. Et c'est pourquoi la comparaison avec la Thermodynamique va si loin.

> Ce procédé – conclut très bien N. R. Campbell – par lequel des lois (car les règles sont dans une certaine mesure de véritables lois) sont expliquées | en imaginant des expé- **145** riences faites dans des conditions qui ne sont pas effectivement réalisables, n'est pas particulier à la relativité ; on le retrouve dans diverses théories scientifiques ; par exemple, il est essentiellement le même que celui par lequel des problèmes thermodynamiques sont résolus en considérant la

marche de machines parfaitement réversibles, bien que de telles machines n'existent pas réellement [1].

Pourtant, que de physiciens qui utilisent le principe de la réversibilité et qui hésitent à employer la contraction de Lorentz pour soutenir et coordonner le système des mesures !

II

Un des aspects les plus significatifs du caractère formel des principes de la Relativité est l'étrange conceptualisation qu'on a fait subir à des données qui se présentaient d'abord comme nettement expérimentales. Tel est le cas de la vitesse de la lumière.

En effet, dans la Relativité, la vitesse de la lumière n'apparaît plus comme une réalité trouvée dans une expérience, mais plutôt comme une réalité affirmée dans une règle. Son affirmation ne prend de valeur qu'après avoir été érigée en postulat. Pour bien le voir, examinons les raisons de l'universalisation de cette notion.

146 | Le principe de la constance de la lumière nous paraît cumuler, d'une manière entièrement nouvelle et originale, le caractère général d'une convention acceptée et le caractère parfaitement objectif d'un phénomène qui résisterait absolument à la diversification. Ainsi deux raisons habituellement disparates et même hostiles viennent se réunir pour universaliser une donnée du réel et fonder un fait en tant que forme :

1) Nulle expérience n'a pu déceler une variation dans la vitesse de la lumière dans l'éther, encore qu'on disposât de

1. *Ibid.*, p. 120.

certaines libertés d'ordre cinématique qui devaient, semblait-il, retentir sur les déterminations de cette vitesse ; voilà le premier fait, ou plutôt l'unique fait, forte racine de la généralité d'une notion ;

2) mais cette généralité, aucune nécessité ne l'appuie. La raison n'en éprouve ni satisfaction, ni promotion. Par conséquent, si nous voulons engager la généralité de ce fait dans une construction féconde, nous n'avons pas d'autre ressource que de l'universaliser encore plus solidement et de lui attribuer une nécessité rationnelle. D'un fait, nous ferons une forme. Sans doute, il y a là un décret et comme un coup de force. Mais qu'on y consente et tout rentrera dans l'ordre, dans le travail progressif et coordonné de la construction. Jamais, croyons-nous, on n'avait promu un fait à un tel niveau. C'est là un trait qui nous paraît nouveau dans la Physique.

| Ainsi nous nous trouvons en présence d'une généralité en 147 quelque sorte redoublée : trouvée et affirmée. Il ne faudrait cependant pas se hâter de conclure que la Relativité prend là, dans cette expérience au moins, une racine susceptible de nourrir le réalisme de la doctrine. Il faut d'abord se demander par quel caractère la vitesse de la lumière va faire corps avec la théorie ; c'est par là seulement qu'on pourra juger du sens et de la portée de la réalité qu'elle implique. Or, c'est de toute évidence son affirmation dans un postulat qui va donner à la constance de la lumière un si grand rôle. Le côté formel domine immédiatement le côté empirique. En rationalisant l'empirisme dans un seul de ses éléments, on a remporté une première victoire sur le particulier. Cette victoire propage ses conséquences dans toute la doctrine. Puisque c'est par principe qu'on uniformise l'expérience, on est amené à abandonner tout ce qui peut nuire à la pureté de la forme.

Désormais, on se reconnaîtra le droit d'incorporer la vitesse de la lumière dans la géométrie pure de l'espace-temps. Sans doute, il peut sembler que cela accentuera l'aspect réaliste et expérimental que certains philosophes attribuent aux sciences géométriques, mais on pourrait tout aussi bien dire que cette incorporation d'un fait à une géométrie abstraite rationalise ce fait. Au surplus, si l'on songe que ce fait, on le place au rang des postulats, on nous permettra peut-être de

148 pencher | vers cette deuxième partie de l'alternative. On ne fait pas à la raison sa part, elle assimile tout ce qu'elle organise. À suivre le développement des calculs relativistes, on en trouvera d'ailleurs une preuve aisée. En effet, dès que la constance de la valeur de la vitesse de la lumière est érigée en principe, cette valeur cesse de jouer un rôle par son sens empirique ; ce qui importe, ce n'est plus guère le fait que la lumière parcourt 300.000 kilomètres à la seconde. Ce nombre pourrait être corrigé dans d'assez grandes proportions sans que la structure de notre connaissance fût changée : il pourrait peut-être même subir une transformation au sein d'une évolution générale, sans troubler les rapports où il est impliqué. Finalement c'est le signe c plutôt que le nombre 3×10^{10} centimètres qui compte. Ce signe symbolise moins une quantité qu'une qualité. Toute la connaissance que nous en désirons a trait à son rôle, à ses relations. Au lieu de ses caractères intrinsèques, c'est surtout ses caractères formels que nous nous efforçons de dégager. Autrement dit, nous sommes moins portés à l'étudier comme un objet que comme une fonction.

D'ailleurs le côté formel est associé à un caractère apriorique encore plus fortement marqué. L'expérience de Michelson n'est, après tout, que la cause occasionnelle de la découverte d'une « vitesse fondamentale ». En effet, en reprenant la construction par l'algèbre, en s'appuyant sur

des | conditions entièrement *a priori* concernant les trans- **149**
formations de coordonnées de l'espace-temps, on trouve
que l'invariance ne peut être obtenue qu'en introduisant une
vitesse qui joue un rôle spécial et que nous appelons pour
cela vitesse fondamentale. La nécessité de cette notion est
sans doute bien grande puisqu'elle s'introduit pour ainsi
dire malgré nous, en faisant violence à nos intuitions les
mieux enracinées : « Au point de vue des théories anciennes
admettant l'existence d'un espace et d'un temps absolus, dit
A. S. Eddington[1], ce résultat semble absurde. En outre, nous
n'avons pas encore établi que nos formules ont une signification pratique puisque, jusqu'ici, rien n'empêcherait
c d'avoir une valeur imaginaire. C'est l'expérience qui a
montré l'existence d'une vitesse réelle – 300.000 km. par
seconde – présentant ces propriétés extraordinaires ; cette
vitesse, nous l'appellerons *la vitesse fondamentale*. Par
bonheur, il y a une entité physique – la lumière – qui se meut
habituellement avec la vitesse fondamentale. Ce serait une
erreur d'attribuer à la lumière le rôle capital que nous faisons
jouer à la vitesse fondamentale ; néanmoins cette coïncidence
heureuse nous est utile car elle rend cette vitesse directement accessible à l'expérience ». Ainsi, c'est à la faveur d'une
coïncidence | qu'une notion pourrait recevoir l'appui du réel. **150**
La réalité apparaît là comme *un exemple* de construction. Le
principe de la construction est intime, il ne vient pas du dehors.
Par conséquent, le fait que l'expérience a pu, à un moment
de l'évolution scientifique, suggérer une notion n'est pas
suffisant pour justifier le caractère expérimental de cette

---

1. A. S. Eddington, *Espace, temps et gravitation*, trad. J. Rossignol, Paris,
Hermann, 1921, partie théorique, p. 10.

notion, surtout quand elle prend immédiatement le rôle d'une forme et qu'elle prend place au rang des postulats de la recherche.

Au surplus, comment une notion expérimentale pourrait-elle interférer avec des notions axiomatiques, sans d'abord être pourvue elle-même d'un caractère axiomatique ? Tel est cependant le cas de la vitesse de la lumière qui entre dans la définition *a priori* de la simultanéité. Comme on en a souvent fait la remarque, l'expérience de Michelson, en mettant les choses au mieux, ne prouve que l'indépendance de la vitesse moyenne d'aller et retour vis-à-vis de l'orientation générale de la ligne de propagation. C'est avec cette vitesse moyenne qu'il faudrait définir la simultanéité. Mais réaction extrêmement curieuse, pour les besoins de cette définition, on en vient à transcender l'expérience et on postule que la vitesse de la lumière à l'aller et la vitesse de la lumière au retour sont toutes deux égales à *c* et non plus seulement, comme l'expérience se bornait à l'établir, égales en moyenne à *c*. C'est ce qu'exprime

151 A. S. Eddington quand il montre que la simultanéité | est définie localement. Les équations utilisées pour cette démonstration « impliquent, dit-il[1] encore la convention que si la vitesse moyenne d'aller et retour est *c*, la notion de la simultanéité doit être telle que la vitesse aller et la vitesse retour soient séparément égales à *c*. » Prises dans cet état de corrélation indissoluble, la vitesse de la lumière et la simultanéité apparaissent donc bien comme deux pures notions, comme deux entités définies *a priori* et qui ne recevront que par la suite, tant bien que mal, un sens dans l'expérience.

---

1. A. S. Eddington, *Espace, temps et gravitation, op. cit.*, partie théorique, p. 17.

On voit donc bien que ce n'est pas en tant que réalité que la vitesse de la lumière joue un rôle essentiel dans la transformation de Lorentz. Elle est une pièce d'une construction algébrique touchée d'un certain arbitraire. A. S. Eddington disait, nous l'avons vu, qu'après tout, cette vitesse fondamentale pouvait être imaginaire. On ne prend acte de la réalité de cette notion que sur le tard, au moment de vérifier les théories. Il y a plus, on n'hésite pas à l'associer au symbole imaginaire. Ainsi, de tous côtés, l'artifice s'empare de la notion de vitesse fondamentale : qualitativement, cette vitesse prend place dans un corps de postulats, quantitativement elle se compose avec l'imaginaire. Mieux, cette vitesse fondamentale est si extraordinaire qu'elle joue, dans la construction relativiste, le même rôle que le temps imaginaire. | On atteint ainsi à cette curieuse **152** équation qui symbolise une relation de symboles :

$$3 \times 10^{10} \text{ centimètres} = \sqrt{-1} \text{ seconde}$$

Minkowski l'appelle, sans doute ironiquement[1], l'équation mystique. Seul, un effort supra-rationnel peut réunir dans une même pensée des entités séparées par une hétérogénéité si crue qu'elle peut passer pour métaphysique.

Cette introduction du facteur imaginaire $\sqrt{-1}$ procure, dit M. Born, « des avantages inappréciables pour les considérations mathématiques de la théorie de la relativité. Car, dans de nombreuses opérations et calculs, il ne s'agit pas de la réalité des grandeurs considérées, mais seulement des relations algébriques qui existent entre elles, et qui sont aussi bien valables pour les nombres réels que pour les nombres

---

1. M. Born, *La théorie de la Relativité d'Einstein et ses bases physiques*, *op. cit.*, p. 282.

imaginaires »[1]. Autant dire que le réalisme des grandeurs s'estompe, que le jeu des formes accentue sa rapidité et son élégance quand il admet, comme une fantaisie, en perdant la garantie de la claire rationalité, la coopération de l'imaginaire. On objectera sans doute qu'il n'y a là qu'un artifice de calcul et que la réalité reprendra ses droits dès l'interprétation des formules. Mais que penser d'un réalisme à éclipse qui imposerait des notions et qui chercherait ailleurs la force d'en dériver des

153 | conclusions expérimentales ? Comment surtout rendre raison de la valeur inférente d'organisations nettement et profondément artificielles ? Car c'est par leur côté artificiel que les constructions relativistes ont dégagé des concepts expérimentaux nouveaux. M. Born le dit en propres termes[2]. C'est l'association de l'espace et du temps par le facteur imaginaire $\sqrt{-1}$ qui conduit à la nouvelle conception de la loi d'énergie. C'est seulement dans la représentation de Minkowski que cette loi d'énergie « apparaît à côté de la loi d'impulsion spatiale, comme une relation équivalente entre les composantes de temps et s'énonçant de la même façon ». Il y a donc une espèce de vie des formes ainsi suscitées. Elle nous mène de découverte en découverte en donnant aux notions leur pouvoir maximum de combinaison. Comme le dit justement M. Born : « Si l'on met en tête de toute étude le principe de Minkowski, d'analogie entre le temps et l'espace, on obtient la façon correcte d'envisager les liaisons profondes qui existent entre toutes ces relations. » Mais encore une fois, cette analogie, ce

---

1. M. Born, *La théorie de la Relativité d'Einstein et ses bases physiques*, *op. cit.*, p. 281.
2. *Ibid.*, p. 283.

n'est pas l'expérience qui la suggère, c'est plutôt contre
l'expérience et le sens commun qu'on la dégage. Il faut que
l'équation mystique intervienne pour illuminer des rapports
cachés, pour fondre dans une seule unité des phénomènes que
l'expérience présentait profondément désunis.

| En résumé, dans la Relativité, on vise de propos délibéré à **154**
une organisation de formes, à une construction de concepts. Et
des notions qui avaient, dans l'ancienne physique, un caractère
expérimental indiscuté, entrent d'un seul coup, par des artifices souvent audacieux, dans un système de rationalité. La
vitesse de la lumière est au nœud de la construction, c'est elle
qui apporte une déclaration de réalité à la soudure algébrique
de l'espace et du temps. Mais elle ne travaille géométri-
quement qu'en se géométrisant. Elle a beau provenir de l'expérience, son rôle la replace dans le corps des notions postulées.
Comme la clef de voûte qui ferme et consolide un arc, elle
achève un système, mais pour dernière qu'elle apparaisse, elle
n'est pas moins primordiale.

III

Une des preuves les plus décisives du caractère formel de
la construction relativiste est sans doute le sens expérimental
essentiellement tardif attribué aux divers symboles que cette
construction échafaude. En effet, ce n'est que lorsqu'on
« décintre », selon l'expression de Poincaré, qu'on s'aperçoit
qu'on a construit la Réalité, ou du moins, croyons-nous, une
réalité. La direction du | mouvement épistémologique est **155**
vraiment, en Relativité, inverse du mouvement de tout Réalisme. S. Zaremba a signalé ce caractère particulier de la
construction relativiste. « Au lieu de commencer, comme dans

les autres théories de la physique, par fixer avec netteté le sens physique des symboles mathématiques que l'on se propose d'introduire, M. Einstein et ses disciples adoptent l'ordre inverse : ils construisent leur théorie sans préciser le sens physique des symboles qu'ils emploient, quittes à en chercher après coup l'interprétation physique précise » [1]. En fait, c'est un caractère frappant de bien des théories modernes qu'elles aient proposé des définitions précises et détaillées pour des notions qui, dans une science plus ancienne, allaient de soi, comme la distance, la masse. Mais cette allure est encore plus nette dans la Relativité qui a accru la liberté des postulats en même temps qu'elle réclamait une disponibilité toute nouvelle de l'intuition. Les éléments expérimentaux ne sont plus guère que des occasions de calcul.

Ainsi, le fait qu'on parte maintenant de la nature métrique de l'électricité pour en déterminer les lois montre que la construction relativiste de l'électricité se déroule dans un sens très exactement inverse du développement historique de l'expérience ; alors que dans l'ancienne physique on | supposait des entités pour mesurer leurs effets, en n'exposant que la technique de la mesure et sans trouver de difficulté à son principe, dans la nouvelle physique, c'est dans le corps même de la mesure qu'on place les suppositions ; autrement dit, la mesure, en tant que mesure, ne va pas de soi, elle réclame des postulats mathématiques. Au surplus, cette base formelle va décider de tout, car ces postulats métriques doivent être suffisants et ils le sont. Ils n'ont pas besoin d'un support expérimental direct ; en les organisant, on va construire la Physique.

---

1. S. Zaremba, *La théorie de la Relativité et les faits observés*, Paris, Gauthier-Villars, 1922, p. 6.

Un autre exemple, peut-être encore plus net, est fourni par les phénomènes de la gravitation. Il est visible en effet qu'on ne postule pas la gravitation, en Relativité, avec des caractères physiques, mais qu'on la découvre mathématiquement, à l'extrémité d'un raisonnement mathématique. C'est ce que nous paraît indiquer en un trait rapide J. Becquerel[1]. « Nous cherchons comment, conformément au principe de la relativité généralisée, la covariance des équations de la physique peut être obtenue ; et si, dans l'Univers réel, nous reconnaissons que les potentiels de gravitation $g_{\mu\nu}$ doivent être assujettis à certaines relations, ces relations exprimeront la loi générale de la gravitation. » L'expression qui marque, dans cette citation, le rapprochement du | calcul à un fait mathématique qu'on **157** « reconnaîtrait » dans le champ de gravitation réel ne doit pas nous tromper. Il n'est évidemment question que d'une référence d'ordre purement mathématique, au centre d'une construction d'ordre uniquement mathématique. Il ne s'agit pas de *trouver* et de *décrire* une réalité qui se désignerait à nous par des caractères mathématiques particuliers. C'est au contraire une tâche toute constructive qui s'impose au théoricien ; il doit constituer, parmi des conditions mathématiques générales, d'autres conditions mathématiques particulières qui joueront le rôle de limitation, de restriction, rôle imparti traditionnellement à la Réalité. « Rechercher les conditions restrictives auxquelles ils (les potentiels de la gravitation) doivent satisfaire, c'est rechercher la loi fondamentale de gravitation »[2]. Ainsi les conditions limitatives propres à

1. J. Becquerel, *Le principe de la Relativité et la théorie de la gravitation*, *op. cit.*, p. 147.
2. J. Villey, *Les divers aspects de la théorie de la Relativité*, Paris, Gauthier-Villars, 1923, p. 22.

définir la matière se présentent dans le cadre même de la première information. Ces conditions sont mathématiquement et par conséquent formellement limitatives.

On pourrait objecter que le problème de la gravitation se place en face d'un phénomène d'ensemble qui touche à des moyennes et que cela explique notre liberté dans l'organisation théorique de son phénomène, mais qu'on trouverait au **158** contraire dans un objet plus élémentaire, dans | l'électron par exemple, les caractères matériels qui font enfin obstacle à l'appréhension par les cadres mathématiques et formels et qui posent ainsi une réalité. Mais c'est perdre de vue le sens même de la construction. Comme le dit très bien J. Villey « les régions intérieures aux électrons doivent être considérées comme étrangères à l'espace-temps, parce que, aucune exploration par règles et horloges n'y étant concevable, la géométrie de ces régions ne présente aucun sens pour nous ». Ces zones se trouveront donc d'elles-mêmes exclues de notre étude par le seul fait que nous travaillons dans l'espace-temps, avec des complexes algébriques exprimables en fonction des horloges et des règles. On peut dire en quelque sorte que les caractères matériels se laissent entièrement définir par une mathématique extérieure, par une forme qui s'approche de la matière, mais qui ne saurait être jamais appelée sa propre forme. Ainsi l'intimité de la matière ne saurait être atteinte, mais cela n'empêche pas que la définition de la matière soit complète puisque c'est toujours ses fonctions que nous étudions et qu'un objet n'ayant de fonctions que dans une relation, c'est toujours à un corps de relations que nous avons affaire. Autrement dit, l'intérieur de l'électron est un pur néant fonctionnel, il n'intéresse pas le mathématicien.

C'est donc toujours à un emboîtement de formes qu'on **159** procédera pour aller du géométrique au | matériel. Cela est très visible quand on examine le lien algébrique qui va du tenseur de Riemann-Christoffel, tout proche des définitions axiomatiques de l'espace-temps, au tenseur contracté correspondant, à partir duquel on exprime les caractères matériels. Mais cette filiation appelle une remarque de plus. Il est en effet nettement apparent que cette filiation a un caractère inductif car rien n'obligeait à prendre pour la matière des formes tensorielles si proches parentes des conditions géométriques générales. En particulier, on ne déduit certainement pas les caractères mathématiques de la matière. Tout au plus, on vérifie par la déduction certaines formes mathématiques. Mais c'est une pensée plus profonde et qui a déjà sa consistance propre qui propose et relie les formes mathématiques dont nous devons vérifier la valeur d'explication. C'est dans le choix de ces diverses formes que la pensée inductive travaille[1]. Une fois de plus nous devons nous rendre compte que si c'est la pensée déductive qui enseigne et explique, c'est la pensée inductive qui découvre.

| IV

On pourrait peut-être accentuer encore le caractère formel de la construction relativiste, en attaquant le problème dans sa racine mathématique la plus lointaine, dans le postulat d'invariance algébrique et en soulignant à ce propos une convention qui passe souvent inaperçue.

---

1. Voir par exemple J. Becquerel, *Le principe de la Relativité et la théorie de la gravitation*, *op. cit.*, § 75, p. 180.

Il y a en effet, à la base des transformations tensorielles (par contrevariance ou covariance), une convention formelle d'équivalence qui nous paraît enlever à ces transformations le sens d'une correspondance entre deux types de réalités. Nous suivrons pour expliquer notre pensée le développement de P. Appell[1]. Considérons par exemple une fonction définie sur une multiplicité particulière. Si une transformation est appliquée aux coordonnées des points de la multiplicité, il ne va pas de soi que cette transformation de coordonnées définit du même coup une transformation des fonctions correspondantes. Autrement dit, les fonctions ne sont pas de véritables réalités qui subsistent nécessairement de telle manière que de nouvelles variables viendraient les expliciter sous une nouvelle forme ; une convention | a fixé la première correspondance : points-fonctions ; une convention doit donc fixer la deuxième correspondance : points nouveaux-nouvelles fonctions. Faute de cette dernière convention, un système de référence porterait son influence dans un système différent, ce qui reviendrait à dire qu'un système de référence est plus essentiel qu'un autre, en contradiction avec le principe même de la doctrine relativiste.

Cette deuxième convention fixant la nouvelle correspondance pourra, de toute évidence, accueillir un certain parallélisme avec la convention de la correspondance primitive. En fait, P. Appell pose simplement deux conditions extrêmement larges qui permettront de garder deux lois très importantes touchant la transformation identique et le produit de deux transformations successives. Il est juste de dire que la

---

1. P. Appell, *Traité de Mécanique rationnelle*, t. V, Paris, Gauthier-Villars, 1926, p. 24 et 25.

transformation vers laquelle l'esprit se tourne alors presque immédiatement est la transformation par invariance. Elle consiste

> à remplacer simplement dans les fonctions f les variables (*anciennes*) x^i par leurs expressions en fonction des variables (*nouvelles*) $\overline{x}^i$, on obtient ainsi de nouvelles fonctions $\overline{f}$ liées aux premières par des relations du type :

$$\overline{f}\left(\overline{x}^i\right) = f\left(x^i\right)$$

Mais il faut bien remarquer que cette égalité, on ne la trouve pas, on ne nous l'impose pas, elle | fait au contraire **162** l'objet d'une convention particulière. Par conséquent l'invariance n'est pas un *fait* algébrique, mais elle résulte d'une convention qu'il était intéressant, avec M. Appell, d'expliciter.

Cela est si vrai que le calcul tensoriel envisage de préférence, dans certains cas particuliers, d'autres procédés de transformation. Par exemple, si les fonctions envisagées sont les diverses dérivées premières d'une fonction φ définie elle-même sur les points d'une multiplicité, ce n'est pas l'invariance de ces fonctions dérivées qui paraîtra la plus naturelle. On préférera transformer la fonction φ par invariance, à charge par conséquent de faire correspondre aux fonctions

$$f_i\left(x_i\right) = \frac{\partial\varphi}{\partial x_i}$$

les dérivées partielles de $\overline{\varphi}$ par rapport aux $\overline{x}_i$. C'est cette méthode, comme on le sait, qui introduit la covariance. La contrevariance introduite à l'occasion des différentielles donnerait lieu aux mêmes remarques.

Il y a donc entre invariance, covariance et contrevariance tout un jeu de conventions et on s'explique que les caractères de covariance et de contrevariance ne spécifient pas entière-

ment les tenseurs. Cette indétermination est la marque d'une
liberté originelle dans le choix des lois algébriques. Si, par
la suite, nous restituons à l'invariance de certaines formes la
163 valeur d'objectivité | qui lui est généralement reconnue, nous
ne devrons pas oublier que l'objectivation prend son point de
départ dans un corps de conventions qui laisse à la pensée un
rôle primordial et actif dans sa construction de la Réalité.

LES GARANTIES D'UNITÉ DE LA DOCTRINE

Quand on la saisit dans sa tâche d'exploration, l'induction apparaît empressée à profiter des terrains favorables. Elle cède devant l'obstacle et s'y divise en une alternative. Mais il est bien rare que les deux termes d'une telle alternative provoquée par un échec soient également étudiés et il est toujours à craindre qu'en choisissant la voie la plus facile, l'induction ait abandonné, sans espoir de retour, des possibilités de développements latéraux.

Nous devrions donc nous demander si la construction relativiste a une unité bien nette, quelle nécessité la dirige, autrement dit quelles sont les garanties qui nous permettent d'affirmer que l'induction relativiste est naturelle, unique, formée d'un seul bloc comme c'est le cas des doctrines qui se développent par déduction.

Malheureusement c'est là une tâche que l'épistémologue ne peut guère entreprendre que sur | une science achevée. Un **165**

jugement sur la fécondité d'une alternative – c'est-à-dire sur sa
réalité effective – réclamerait un égal développement des deux
termes en maintenant un parallèle entre les deux constructions
jusqu'aux points où elles affleureraient dans la réalité.
La Relativité n'en est pas là. On ne peut donc qu'apporter
quelques réflexions pour aider à poser correctement le
problème.

I

D'abord il y a un problème. Ce qui pourrait conduire à le
méconnaître c'est sans doute le grand succès philosophique du
théorème de Poincaré sur la multiplicité essentielle des explications mécaniques. À quoi bon se donner tant de mal pour
s'assurer d'une unité qui, une fois constituée, se brisera en des
images multiples entre lesquelles on ne peut guère décider en
dehors des raisons de commodité ? À quoi bon établir, avec
tant de rigueur, une syntaxe qui n'est pas capable de donner la
réalité à de simples expressions susceptibles d'être traduites
dans toutes les langues ?

166   On sait en quoi consiste ce théorème. « Si | donc, dit
Poincaré, un phénomène comporte une explication mécanique
complète, il en comportera une infinité d'autres qui rendront
également bien compte de toutes les particularités relevées
par l'expérience »[1]. La démonstration revient à tendre, sous
l'explication phénoménologique exprimée en fonction des
paramètres fournis directement et clairement par l'expérience,
de nouvelles variables affectées à des molécules invisibles

---

1. H. Poincaré, *Électricité et optique*, G. Carré, 1890, Introduction, p. VIII.

– que ces molécules soient des molécules de matière ou des molécules de fluides plus ou moins hypothétiques. Comme le nombre de ces molécules est d'ailleurs laissé à notre libre disposition nous pouvons toujours avoir assez d'équations pour déterminer les paramètres phénoménologiques et rejoindre ainsi l'expérience. Mais il faut bien comprendre que cette facilité ne provient que du caractère entièrement hypothétique des éléments mécaniques posés pour les besoins de l'algèbre. En particulier ces mécanismes sous-tendus sous le phénomène n'éclairent nullement le mécanisme apparent du phénomène. On évoque des *quantités* occultes et on en multiplie le nombre dans la proportion même qu'indiquent les nécessités de la détermination algébrique. L'explication mécanique qui donnerait le plus de lumière, c'est celle qui utiliserait le mécanisme phénoménologique lui-même, celle qui s'exprimerait avec les paramètres de l'expérience, en suivant les articulations des équations | différentielles issues immédiatement de l'expé- **167** rience. À vrai dire, le théorème de Poincaré n'établit que la multiplicité des explications algébriques. Qu'on attache ensuite à chacune de ces explications des images mécaniques différentes revient en somme à illustrer l'algèbre pour des besoins pédagogiques. L'explication mécanique dans toute la force du terme se développerait juste en sens inverse puisqu'elle devrait donner les propriétés algébriques en fonction d'une représentation mécanique vraiment première. Il est d'ailleurs juste d'ajouter que le théorème de Poincaré ne vise qu'à établir une possibilité des explications multiples et ne prétend pas suggérer des explications effectives. Mais cette possibilité nous semble d'une nature entièrement algébrique ; elle est tributaire d'une schématisation complète dans la base élémentaire des mécanismes supposés.

Au surplus, si libre qu'on soit de relier les paramètres visibles à des mécanismes hypothétiques, il faut tout de même se demander si toutes les théories mécaniques qui sont, si l'on ose dire, implicites dans une explication unique, ne sont pas par cela même étroitement coordonnées. Certes, des fonctions arbitraires peuvent modifier les termes d'une solution et donner ainsi des solutions bien diverses. Mais la liaison par fonctions arbitraires est tout de même une liaison. Si l'on passe **168** d'un système à un autre univoquement, | la coordination fait preuve de son unité. C'est la coordination qui est le phéno-mène. Elle s'expose de diverses manières, mais, conçue dans son ordre, dans une espèce d'Analysis situs des fonctions de l'explication, elle réserve une unité manifeste. La commodité ne nous semble donc pas pénétrer aussi avant qu'on l'a dit. Elle est, comme il va de soi, un caractère de l'expression. Mais reste une réalité d'ordre fonctionnel sur laquelle elle n'a pas de prise. C'est là une objection que Léon Bloch a présenté en termes très généraux :

> Une fois que les équations d'un phénomène sont établies, il est possible, d'après l'illustre géomètre (Poincaré), si ces équations sont d'une certaine forme, de les retrouver par une infinité de voies, par conséquent de les faire reposer sur une infinité d'hypothèses distinctes. Mais ce que ces hypothèses ont de vrai physiquement n'est pas distinct pour cela. Sous la variété des suppositions fondamentales se retrouvent la même forme et la même allure des phénomènes. Cela suffit pour qu'il nous soit permis de dire que toutes ces hypothèses sont équivalentes, et au point de vue mathématique n'en forment qu'une [1].

---

1. L. Bloch, *La philosophie de Newton, op. cit.*, p. 184.

Dans ces conditions, le problème de l'unicité d'une théorie doit être posé avec une très grande largeur d'examen. C'est par le nombre et la fonction des éléments de l'explication qu'on doit caractériser | cette explication. Deux théories qui **169** se correspondent par des transformations de coordonnées sont conciliables. Algébriquement elles n'en font qu'une. Seule, une pensée réalistique peut les distinguer en majorant le sens donné aux variables au détriment de la relation qui doit jouer le rôle primordial dans l'explication.

II

Il faudrait donc avoir un moyen de mesurer la cohérence des divers arguments. L'idéal serait de pouvoir dresser une axiomatique de la Relativité où l'on réunirait tous les postulats de la doctrine, toutes les définitions des éléments d'expli- cation. Tant qu'on ne fera que supposer par occasion, tant qu'on ne prendra pas soin de rapporter toutes les conventions au même niveau, dans un même corps, on n'en verra pas exactement le rôle et l'on courra toujours le risque d'oublier l'ampleur de la supposition.

David Hilbert a entrepris dès 1915 d'établir, dans l'esprit de la méthode axiomatique, une première liaison entre les phénomènes électriques et les phénomènes de gravitation[1]. Il parvient | en effet à déduire de deux axiomes seulement un **170** nouveau système d'équations qui apportent à la fois la solution du problème gravitationnel de A. Einstein et celle du problème

---

1. D. Hilbert, *Nachrichten von der Königlichen Gesellschaft der Wissen- schaften zu Göttingen*, Mathematisch-Physische Klasse, 395-407, 1915, p. 396.

électrodynamique de G. Mie. Le premier de ces axiomes qu'il appelle l'axiome de la fonction d'Univers, consiste uniquement à affirmer que la loi du phénomène physique se détermine par une fonction des potentiels de gravitation et des potentiels électrodynamiques, en annulant la variation d'une intégrale de cette fonction. Le deuxième axiome pose simplement l'invariance algébrique de cette fonction d'Univers. Ces deux axiomes se présentent dans la théorie de D. Hilbert comme entièrement dégagés de l'expérience. Le fait que les arguments de la fonction universelle sont désignés sous le nom de potentiels gravifiques et électrodynamiques ne doit pas tromper à cet égard. En effet ces potentiels n'apportent avec eux aucune propriété d'ordre physique ; en particulier, ils ne font l'objet d'aucune description préalable ; seules, des conditions algébriques de continuité et de régularité très générales sont attachées à ces variables. En suivant l'exemple de l'axiomatique géométrique on prend donc ces potentiels comme des éléments formels, on les considère comme des termes dont on donne des définitions de mots ; on engage ensuite ces termes dans les axiomes, ajoutant ainsi une syntaxe

171 à une morphologie, et c'est dans ces | axiomes, c'est-à-dire par les propriétés de la fonction posée à la manière d'un postulat, que ces potentiels prennent un sens avec un rôle. Ce sens est ainsi nettement fonctionnel avant d'être réalistique. À vrai dire, on s'aperçoit bien que la construction de D. Hilbert est inspirée des travaux de Lorentz sur le principe de la moindre action d'Hamilton, mais à lire son mémoire on se convainc que le sens hamiltonien de la fonction postulée n'est pas explicite, il ne joue aucun rôle dans la construction. Le caractère formel est donc entièrement réservé. Tout l'effort de D. Hilbert consiste à prouver que les suppositions, pourtant extrêmement peu nombreuses, suffisent à construire logiquement la théorie.

Mais ce qu'il faut bien comprendre en outre, c'est la solidarité toute nouvelle qu'une telle méthode réalise entre la géométrie et la physique. Il n'y a pas une axiomatique physique qui trouverait sa place après l'axiomatique géométrique, comme un complément, comme une matière dans une forme. Il s'agit d'une fusion intime, immédiate, préalable à tout développement, bref dans le cadre même d'une axiomatique unifiée. Ce caractère apriorique ne correspond pas à une simple nuance ; il ne dépend pas d'une organisation pédagogique plus ou moins convaincante ; il marque fortement d'un signe nouveau une pensée toute nouvelle, puisqu'il détermine un nouveau classement épistémologique.

| C'est ce rapport tout nouveau du fait géométrique et du **172** fait physique qui explique peut-être le plus nettement l'opposition de l'ancienne et de la nouvelle physique. D. Hilbert dans un deuxième mémoire a présenté avec autant de sûreté que de finesse cette opposition.

> L'ancienne physique acceptait, avec le concept de temps absolu, les postulats de la géométrie euclidienne et les prenait tout d'abord pour base de toute théorie physique restreinte. Gauss lui-même s'écarta très peu de cette méthode : il construisit hypothétiquement une physique non-euclidienne, en retranchant seulement l'axiome des parallèles parmi tous les postulats de la géométrie euclidienne, et en gardant le temps absolu ; la mesure des angles d'un triangle de grandes dimensions lui montra alors l'invalidité de cette physique non-euclidienne. La nouvelle physique du principe einsteinien de la Relativité générale se place vis-à-vis de la géométrie dans une tout autre situation. Elle ne prend tout d'abord pour base ni la géométrie euclidienne, ni quelque autre géométrie déterminée, pour en déduire les véritables lois physiques ; mais la nouvelle théorie de la Physique, en

> s'appuyant sur le seul principe d'Hamilton, fournit..., d'un
> seul coup, les lois géométriques et les lois physiques.

Autrement dit, l'ancienne physique sériait les hypothèses : elle acceptait d'abord les cadres géométriques et les éprouvait **173** au contact de l'expérience physique. | La nouvelle physique place toute l'hypothèse sur le même plan. C'est le principe même de l'Axiomatique appliqué dans toute sa pureté.

La base de David Hilbert peut cependant, à certains égards, apparaître comme bien étroite. S. Zaremba, apportant une critique sur un point très précis, a pris un très grand soin à cataloguer les termes, à codifier les hypothèses utilisées en Relativité restreinte. Il a réuni ce qui, dans toutes ces suppositions, est spécial à la Relativité et ce qui est déjà admis plus ou moins tacitement dans l'Analyse mathématique usuelle ? Parti de cette base élargie, S. Zaremba est arrivé à cette conclusion que les hypothèses des théories relativistes « sont insuffisantes pour établir une correspondance entre des opérations de mesure et les valeurs numériques des symboles entrant dans les formules de la théorie »[1]. Cela, comme il le dit lui-même, prouve non pas qu'on doive rejeter la théorie relativiste, mais seulement l'assurer sur une axiomatique encore plus large, en complétant le corps des hypothèses et des définitions préalables.

Il est relativement facile de trouver en échec un programme aussi exigeant. Les circonstances historiques viennent en effet troubler les conditions épistémologiques du problème. **174** E. Bialobrzeski[2] a montré qu'une « axiomatisation » | vraiment totale de la Physique était bien difficile à concevoir dans une

---

1. S. Zaremba, *La théorie de la Relativité et les faits observés*, *op. cit.*, p. 4.
2. Voir *Revue de Métaphysique et Morale*, avril 1928.

période comme la nôtre qui connaît d'incessants bouleversements. Il n'a cependant pas méconnu la portée des essais
« d'axiomatisation » partielle. Nous croyons, pour notre part,
que toute entreprise axiomatique enseigne et fonde un esprit
nouveau. Cette pensée qui procède par axiomes et construction
peut alors s'appliquer à des données encore impures. Tout
clarifier serait évidemment l'idéal. Mais c'est déjà une tâche
de clarté que de construire clairement avec des matériaux
opaques. On ne peut nous demander de mettre le mortier entre
les molécules, mais seulement entre les pierres. C'est même le
secret de la force profonde de la pensée axiomatique qu'elle
puisse admettre un concept obscur et s'en servir clairement.
Dans cette pensée, l'évidence correspond non pas à une
analyse intrinsèque et exhaustive des concepts admis, mais à
une contexture des relations extrinsèques, dessinées conformément à des règles. Cette évidence, on ne la possède pas, on
la conquiert. On doit donc faire crédit à la construction. L'axiomatique tout entière occupée du *rôle* des notions pardonne
même au péché originel des notions nées de l'expérience.
D'ailleurs, puisque le concept n'a de sens que dans et par
l'axiome, la contradiction ne peut surgir que du conflit des
axiomes entre eux. C'est donc au niveau des postulats que l'on
doit examiner la cohérence et | non pas au sein des postulats. **175**
C'est seulement au moment où ces postulats en coopérant
donnent un rôle aux concepts qu'on peut juger de leur
coordination.

Ces remarques sont générales. Elles n'infirment pas la
critique de S. Zaremba qui réclame l'éclaircissement d'une
donnée particulière de la théorie. Il semble bien en effet qu'on
n'a pas pu fournir la définition d'une « liaison invariable »
entre une source lumineuse et la Terre, définition sans laquelle
l'expérience de Michelson ne peut même pas être formulée.

Mais la définition, tout entière en virtualité, apportée par H. Weyl nous paraît suffisante à engendrer l'évidence hypo-thétique qui est le but d'une axiomatique. S. Zaremba con-fronte d'ailleurs lui-même les deux thèses du débat qui, croyons-nous, doit rester ouvert[1]. « M. Weyl ne propose à la vérité *aucune* définition de corps rigide, il *admet* seulement qu'il serait possible d'en imaginer une ». C'est sans doute – nouvel exemple d'une opposition que nous avons signalée – sur le sens apporté à cette dernière possibilité que les deux savants mathématiciens sont en désaccord. H. Weyl paraît se contenter d'une possibilité dans la conception, d'ordre mathé-matique. S. Zaremba réclame une possibilité susceptible de définir un corps rigide propre à une mesure d'ordre physique. 176 De ce | point de vue, il peut conclure que « la notion de corps rigide envisagée par M. Weyl est beaucoup trop incomplète pour fonder sur elle les procédés de mesure de longueurs dans la théorie de la Relativité restreinte »[2]. Finalement, il s'agit donc moins de résoudre une question de cohérence logique que d'établir une méthode pour réunir avec une sécurité parfaite la totalité des postulats impliqués dans la construction.

Il serait évidemment désirable d'énumérer et de définir, au seuil d'une doctrine, tous les concepts qu'elle doit utiliser, tous les postulats qui vont présider à son développement. Mais l'insuffisance à cet égard signalée par S. Zaremba est loin d'être spéciale à la Relativité ; elle paraît plutôt toucher au principe même de toute axiomatique.

On sait, en effet, qu'un système de postulats doit avoir trois caractères. Il doit être cohérent, complet et tous les postulats

---

1. S. Zaremba, *La théorie de la Relativité et les faits observés*, *op. cit.*, p. 34.
2. *Ibid.*, p. 35.

qu'il contient doivent être indépendants. Mais alors que nous connaissons des critères pour juger de la cohérence et de l'indépendance des postulats, nous n'en avons aucun qui nous garantisse la formation d'un ensemble vraiment complet. À telles enseignes que sur un terrain aussi travaillé que les fondements de la géométrie on a pu voir s'élever brusquement une géométrie non-archimédienne qui | nie un postulat 177 longtemps laissé implicite. Rien ne nous assure qu'il ne subsiste pas, à l'origine de la géométrie elle-même, des propositions qui trompent notre intuition par une sorte d'évidence interne ou familière et qu'une pensée plus proprement logique pourrait traduire sous forme de postulats. Il n'est donc pas toujours aussi facile qu'on le croit de se confier à un logicisme *fermé*.

III

Enfin quand la preuve serait faite qu'on tient bien, dans la vive lumière d'une axiomatique, tous les éléments de la construction, on n'aurait pas encore prouvé qu'il est impossible d'y adjoindre du dehors un élément nouveau pour entreprendre sur une base plus large une construction plus riche. Combien cette nouvelle preuve serait difficile, cela apparaîtra immédiatement à la réflexion du philosophe qui doit reconnaître là, ramené à sa donnée essentielle, le problème de la fécondité de la pensée. Sur le terrain qui nous occupe, ce problème s'énoncerait ainsi : Comment l'examen interne d'un corps de postulats entièrement normal et par conséquent complet, peut-il réclamer – ou suggérer – une adjonction nouvelle ?

178 | Présenté sous cette forme, il semble bien que cet enrichissement ne puisse provenir que d'un procédé dialectique. Ce n'est qu'à la faveur d'une alternative qu'on peut espérer rouvrir un domaine logique fermé sur lui-même. En fait, tous les enrichissements de la pensée géométrique contemporaine sont nés d'une alternative restituée. D'ailleurs, dans le domaine de la pensée, il n'en va pas comme dans le domaine de l'action, on n'abandonne rien en posant une alternative ; on dégage au contraire la véritable valeur dialectique d'une notion en plaçant cette notion dans une atmosphère de possibilité élargie. On pourrait dire d'une telle dialectique, suivant une expression de Villiers de l'Isle-Adam, « qu'elle assujettit en détachant ». Une pensée totalisatrice n'a pas de peine à réunir des possibilités divergentes, dès que ces pensées peuvent recevoir un classement dialectique. La même sève nourrit le tronc et les branches. Ce n'est pas par accident que la pangéométrie a trouvé une base affermie dans un algébrisme sous-jacent. Cet algébrisme dont Klein et Poincaré ont si bien compris le rôle dans la correspondance des diverses géométries est sans doute le signe d'une unité plus profonde qui doit finalement réduire le dualisme des alternatives.

N. R. Campbell a apporté à ce problème des alternatives épistémologiques sa contribution de physicien. Il en distingue **179** avec netteté deux espèces | en Relativité : celles de la Relativité restreinte et celles de la Relativité généralisée. Nous pouvons emprunter cette classification un peu tranchée, elle nous paraît par cela même susceptible d'éclaircir le problème.

Les premières, qui relèvent de l'idée fondamentale de l'espace généralisé, sont entièrement absorbées par cette mathématique. Elles n'offrent pour ainsi dire plus de prise à la discussion. Il faut les prendre comme des faits mathématiques qui ont leur nécessité. Elles président à des choix mathématiquement équilibrés, dans lesquels on n'a aucune raison mathématique de choisir. C'est peut-être un des caractères les plus curieux de la Relativité que d'être fondée sur une indétermination franchement acceptée, clairement promue au rang d'une nécessité théorique primordiale. « Nous nous proposons, dit A. S. Eddington de construire une théorie de l'Univers qui reconnaisse formellement cette indétermination du système de mesures »[1]. Étrange construction du réel qu'une réalité plus strictement appréhendée déséquilibrerait ! On fait ainsi une base, presque une réalité, de l'alternative en soi.

Le deuxième type d'alternatives se rapproche davantage des hésitations théoriques. Elles appartiennent à une science en voie de formation telle qu'est la Relativité générale dans ses parties | les plus récentes. Elles ne sont pas la conséquence **180** d'une méthode et le tableau qu'on en fournirait manquerait de lien intime. Par exemple, il serait bien difficile, dans l'état actuel de la doctrine de trouver un principe de classification qui pût nous assurer que les conceptions de A. Einstein et de W. de Sitter sur le temps infini représentent, en une juste et nécessaire alternative, tout le champ des hypothèses possibles. De l'une à l'autre il y a bien une manière de dialectique puisque dans l'hypothèse de A. Einstein le temps n'a pas de courbure, tandis qu'il en possède une dans l'hypothèse de W. de Sitter. Mais la fonction qui détermine cette opposition est introduite sans une claire nécessité. On n'a donc plus affaire aux alternatives fortement coordonnées au développement théorique, telles que celles que nous avons remarquées aux points d'enrichissement réel de la doctrine. Nous retombons au contraire dans le

---

1. A. S. Eddington, *Espace, temps et gravitation, op. cit.*, partie théorique, p. 1.

type des hypothèses éphémères, simple échafaudage qui ne saurait rester dans le corps de la construction. Il en va de même quand on prétend remettre en question, en une alternative globale, tout le développement de la théorie. Tel est le cas de l'alternative de P. Painlevé qui propose de modifier les axiomes de la mécanique plutôt que les notions de temps et d'espace. Il serait d'autant plus difficile d'exécuter ce programme que la mécanique classique a remporté des succès dont il faut rendre compte. On peut | bien la modifier, mais en l'absorbant. Cela revient, comme on le voit sans peine, à incorporer l'alternative elle-même dans le corps de l'explication. Quand nous essayons de fixer les voies et moyens de la fécondité de la pensée, nous en arrivons toujours à ce même problème de la corrélation des oppositions dialectiques. Il ne suffit pas de proposer des alternatives, il faut montrer qu'elles se posent nécessairement, par la force de la généralisation, par la vie même de la pensée inductive. Ainsi coordonnées, les alternatives réservent la raison de leur totalisation. Elles passent au rang des faits. Le progrès naît d'une antinomie surmontée. Le doute se présente comme le premier signe de l'élargissement de la doctrine. L'alternative bien équilibrée donne ensuite le plan complet de la possibilité. Une méthode qui n'était qu'éristique devient heuristique dès qu'on a compris la nécessité profonde de la controverse.

SIMPLICITÉ ET RAISON SUFFISANTE

I

Dans la préface de son livre sur la «Déduction Relativiste». É. Meyerson a placé le caractère philosophique de la Relativité sous le signe du concept de «Totalité» étudié par H. Höffding. Cela paraît d'autant plus vrai qu'on a mieux saisi tout ce que la catégorie de totalité a de dynamique dans la philosophie de H. Höffding[1]. La Relativité est vraiment une totalité prise dans son effort d'achèvement, une totalité vécue et plus encore que son ampleur, on doit admirer son mouvement. Mais par cela même «la totalité relativiste» ne peut apparaître fermée comme un système philosophique,

---

1. Voir par exemple Harald Höffding, *La Relativité philosophique*, Paris, Alcan, 1924, p. 41.

comme le système cartésien ou hégélien par exemple. Il lui
183 manque la | cohérence d'une intuition immédiate ; il semble
bien improbable qu'on en fasse un jour un résumé intuitif, une
pensée unifiée qui livrerait comme d'un sommet toute la
perspective de la science physique.

On a parlé d'une foi relativiste. C'est faire un véritable
contre-sens, car c'est méconnaître tout ce qu'il y a de dialectique et de progressif dans la conviction que finit par entraîner
la Relativité. Cette force de conviction est, plus nettement que
tout autre, d'origine dynamique et même polémique. En effet,
la Relativité aura toujours contre elle les enseignements
de la vie commune et, comme dans tout autre domaine, toute
l'instruction acquise dans la première approximation viendra
souvent faire obstacle à la recherche d'une approximation
toute nouvelle par sa finesse. Finalement, c'est dans la lutte
et par la lutte contre la physique du sens commun que la
Relativité éprouvera sa force, dans son triomphe qu'elle
découvrira sa vérité.

Cette valeur d'opposition, il semble qu'elle apparaisse déjà
quand on veut apprécier, en une sorte de dialectique historique
à grandes lignes, la portée générale du mouvement relativiste.
Ainsi, M. von Laue après avoir remarqué « qu'une théorie physique ne peut s'appuyer que sur elle-même et sur les faits
184 d'expérience », | ajoute immédiatement : « Il y a cependant,
dans ce domaine, une sorte de nécessité historique qui réside
dans l'échec de toutes les autres tentatives et dans le succès
de celle-ci pour arriver à une interprétation satisfaisante des
faits »[1]. Cette opposition est d'autant plus significative que les
théories que la Relativité doit remplacer sont au fond plus

---

1. M. Von Laue, *La théorie de la Relativité, op. cit.*, p. 35, t. I.

proches du sens commun. C'est encore ce qu'indique M. von Laue : « Les idées sur lesquelles les théories de Hertz et de Lorentz reposent étaient bien plus proches de notre esprit que l'idée fondamentale de la théorie de la relativité : mais on ne serait jamais arrivé à cette dernière si l'on n'avait pas d'abord essayé de compléter les premières et si l'on n'avait pas reconnu sans issue cette tentative. » Autant dire que le succès de la Relativité est d'abord la conscience nette d'un échec des théories classiques et que la Relativité puise dans cette conscience une partie de sa nécessité et de sa force inductive. Ce n'est sans doute pas un simple accident historique que la Relativité ait pris naissance avec le démenti infligé à la conception de l'éther par l'expérience de Michelson. La Relativité ne *continue* pas les doctrines anciennes, elle les *rectifie*.

Ce qui rend plus frappante l'exigence de rigueur du Relativiste, c'est que cette exigence soit apparue soudain au milieu d'une ère épistémologique pénétrée de toutes parts par les tolérances de la commodité. On acceptait fort bien des théories différentes | pour des phénomènes pourtant coor- **185** donnés. La Relativité est venue réveiller le savant d'un scepticisme affirmé avec une tranquillité dogmatique. On s'accordait le droit de choisir entre des organisations d'ensemble et voici qu'on lutte pour des corrections de détail d'une minutie toute nouvelle, sans souci d'ailleurs de déranger les habitudes les plus solides, les plus sûres, bref les plus rationnelles.

Avec la Relativité se fait jour un principe nouveau que M. von Laue appelle – nous allons voir dans quel sens – le principe de la simplicité. Il consiste, d'après M. von Laue, à rendre « l'expression mathématique des lois physiques aussi simple que possible ». À première vue, il semble que tout le monde soit d'accord sur cette formule et qu'elle soit bien insuffisante pour caractériser une méthode. Cependant, à la réflexion, on s'aperçoit que la simplicité mathématique, plus que toute autre, est susceptible de bien des interprétations. À ce propos s'élèvera immédiatement un débat entre les partisans de la clarté intuitive et ceux de la sécurité apportée par la rigueur. Doit-on appeler simple une mathématique qu'on imagine, qu'on traduit par exemple dans une géométrie à trois dimensions ou plutôt une mathématique plus fortement coordonnée qui présentera dans une géométrie à quatre dimensions impossible à imaginer une synthèse solide d'éléments et de lois qu'on devait primitivement | penser par effort séparé ? Au surplus, la simplicité mathématique est toujours susceptible d'une refonte dans une unité plus riche qui apporte la clarté des coordinations plus vastes. Tout dépend du but poursuivi. En un certain sens, l'ellipsoïde est plus simple que la sphère. En effet l'égalité de tous les rayons de la sphère masque certaines fonctions de la surface, ces fonctions sont alors difficiles à penser ; elles étaient claires sur la surface de l'ellipsoïde. Autrement dit, une représentation simpliste ferme trop tôt le système qui doit contenir nos connaissances, il est plus simple de compliquer le système, d'élargir le corps d'explication mathématique pour faciliter l'incorporation de toutes nos connaissances dans une seule et même totalité. Ainsi la simplicité mathématique réserve le dynamisme de la pensée ; est simple en mathématiques ce qui est *clairement synthétique*, ce qui est *évidemment fécond*.

Cela ne revient-il pas à dire que l'expression mathématique ne doit pas être uniquement un langage qu'on a toujours le droit d'abandonner pour un autre ? La physique, en effet, prise dans sa méthode, non dans son objet, est toujours impliquée, si rudimentaire qu'on la suppose, dans une mathématique. Le débat n'est pas entre une nature physique pure, objectivité informe et massive, et une mathématique uniquement formelle. On a toujours affaire à une nature physique | appréhendée, informée, ordonnée, géométrisée et **187** il s'agit toujours, à tout moment du progrès, d'un choix entre deux physiques mathématiques. Autrement dit, dès qu'on développe une physique, on est, qu'on le veuille ou non, engagé dans un processus mathématique. On doit donc, croyons-nous, interpréter l'idéal de simplicité mathématique de M. Von Laue dans le sens même d'un panmathématisme. Il s'agit des lois mathématiques de la Nature, et c'est pourquoi il faut prendre une mesure de leur simplicité dans l'harmonie de la coordination.

Quoi qu'il en soit d'ailleurs de cette interprétation, la simplicité à laquelle se réfère M. von Laue ne doit pas être confondue avec la thèse pragmatique de l'âge précédent. « Ce principe de simplicité, dit-il[1] n'est à aucun titre un principe de commodité (le terme "Economie dans la science" ne nous paraît pas non plus heureux) ; c'est, au contraire, un des principes de recherches les plus élevés dans la science de la nature ». Ainsi, de toute manière, on ne doit pas hésiter à placer très haut les aspirations de la simplicité mathématique.

Enfin, plus généralement parlant, ce qui nous semble encore caractéristique de la « simplicité » relativiste, c'est qu'elle apparaît nettement *a posteriori*, après la dialectique qui prépare un | choix. Elle est au sommet d'une simplification **188** discursive et c'est là le secret de sa valeur très particulière. S'il s'agissait d'une simplicité immédiate, d'une simplicité en soi, on pourrait toujours craindre d'être à la merci d'une habitude ou d'une intuition. Mais la Relativité apporte avec elle la

---

1. *Ibid.*, t. I, p. 3.

sécurité d'une harmonie explicite et active, évidemment susceptible de simplifier un donné complexe.

II

Entre le concept d'une simplicité qui aurait sa source dans une Réalité et le concept de simplicité uniquement descriptive, si nettement caractérisée par Hans Reichenbach dans son beau livre *Philosophie der Raum-Zeit-Lehre*, il y a encore place, croyons-nous, pour le concept d'une simplification active qui fait sa preuve en inventant. Il ne suffit pas de mettre l'une en face de l'autre deux descriptions mathématiques d'un même fait, comme la description euclidienne en face de la description riemannienne et de prononcer un jugement définitif sur leur commodité. Il faut se rendre compte que la forme riemannienne est particulièrement riche d'impulsion épistémologique ; elle permet de prévoir. Elle est un véritable avenir pour la pensée. | Elle apparaît comme plus générale. Elle détermine une cohérence dans l'enrichissement même de l'expérience. La géométrie euclidienne fait au contraire figure d'exception ; elle reste isolée comme un cas particulier.

Au fond, cette cohérence de la Relativité où réside en fait l'origine de la simplicité prend toute sa force dans une véritable symétrie d'ordre métaphysique. En effet, par principe, la Relativité s'assure de l'équivalence des divers moyens de connaissance, avant d'aborder le phénomène physique. Elle est ainsi, dans le sens étymologique du terme, livrée à une préoccupation métaphysique. Il s'agit bien entendu non pas d'une métaphysique ontologique, mais bien plutôt d'une métaphysique de la méthode, d'un criticisme mathématique ; on y cherche moins les conditions positives de la réalité que les conditions restrictives d'une méthode prudente. Sir Lodge n'hésite pas à écrire [1] : « L'argument relativiste est basé sur une politique d'exclusion (a policy of exclusion) ». Il s'agit en effet d'exclure tout ce qui peut nuire à la liberté d'indifférence dans le choix des moyens de détection et de faire un système de cette espèce de symétrie épistémologique *a priori*.

Insistons sur ce point et essayons de montrer | que ce souci **190** de symétrie au sein même de l'appareil théorique n'appartient ni à la logique pure, ni aux enseignements du réel et qu'il relève de principes curieusement intermédiaires en ce sens qu'ils sont plus riches que ceux de la logique déductive et plus pauvres que ceux tirés de l'expérience.

Prenons pour cela le raisonnement par lequel Einstein prouve que la Relativité restreinte est amenée à rejeter l'hypo-thèse de l'éther physique [2] :

> Soit K un système de coordonnées, par rapport auquel l'éther de Lorentz se trouve en repos. Les équations de Maxwell-Lorentz restent tout d'abord valables par rapport à K. Mais, d'après la théorie de la relativité restreinte, les mêmes équations restent valables dans le même sens par rapport à tout nouveau système de coordonnées K', qui se trouve dans un mouvement de translation uniforme par rapport à K. Il se pose maintenant la question troublante : Pourquoi faut-il que je donne en théorie au système K, auquel les systèmes K' sont physiquement complètement équivalents, une préférence marquée, en supposant que l'éther se trouve en repos par rapport à lui ? Une telle asymétrie dans l'édifice théorique, à laquelle ne correspond aucune asymétrie dans le système des expériences, est insupportable pour le théoricien. Il me

1. Sir Lodge, « The geometrisation of Physics, and its supposed basis on the Michelson-Morley experiment », *Nature*, 17 févr. 1921, p. 796.

2. A. Einstein, *L'éther et la théorie de la Relativité*, *op. cit.*, p. 8.

191   semble que | l'équivalence physique entre K et K', si elle
n'est pas logiquement irréconciliable avec la supposition que
l'éther est immobile par rapport à K et en mouvement par
rapport à K', ne s'accommode cependant pas bien avec elle.

Ainsi la logique pure ne nous astreint pas à conclure dans
le sens einsteinien ; l'expérience non plus ne saurait nous
apporter une preuve positive et péremptoire de la non-
existence de l'éther ; mais l'asymétrie théorique qui résulte de
l'affirmation de son existence dans un système particulier est
nettement arbitraire. Cela va suffire pour écarter l'hypothèse
de l'éther, telle du moins que la posait la physique de Maxwell.
Puisque tous les systèmes de référence ont tous logiquement
un égal droit à recevoir l'éther, aucun ne l'aura réellement.
Nous sommes bien dans le domaine où règne une raison qui
incline mais qui ne détermine pas et qui, par cela même, donne
un plus large jeu à la pensée inductive.

III

Si l'on voulait maintenant apparenter le principe de
Relativité, en ce qui concerne cet usage préliminaire, aux
principes directeurs de la connaissance étudiés par l'épistémo-
192 logie traditionnelle, | c'est, croyons-nous, au principe de raison
suffisante qu'il faudrait s'adresser. En Relativité le principe de
raison suffisante est d'ailleurs employé en quelque sorte néga-
tivement, comme principe d'exclusion. On pourrait, dans ce
sens, lui donner la forme suivante : *Il ne faut pas qu'on puisse
trouver dans un phénomène quelconque une raison suffisante
pour spécifier un système de référence.*

On trouvera en effet cet énoncé si l'on veut bien prendre, à
peu près exactement, la réciproque du principe de relativité tel

que le formule, par exemple, M. von Laue [1] : « Le principe, dit-il, s'énonce : On peut au moyen de l'ensemble des phénomènes naturels, déterminer… un système de référence x, y, z, t, pour lequel les lois naturelles s'expriment sous une forme mathématique déterminée et simple » et il ajoute un peu plus loin : « Nous déduirons de ce principe les formules de transformation qui conduisent d'un système de référence propre à un autre. Il nous faut pour cela connaître une loi naturelle quelconque. Le choix que nous ferons de cette loi doit d'ailleurs être indifférent. Si l'on parvenait en effet, grâce à des choix différents, à des résultats différents, toutes les lois ne seraient pas invariables dans la transformation et le principe de relativité serait faux ». D'ailleurs cette réciprocité | du principe de **193** relativité et du principe de raison suffisante est si immédiate que nous croyons impossible de les séparer dès qu'on se place, comme il convient pour des principes de connaissance, sur le terrain de l'application. En effet, pour voir que le principe de relativité s'applique correctement, il faut toujours en venir à établir une symétrie dans les raisons de choisir ; il faut prouver que le principe de relativité ne favorise pas une loi physique particulière, en d'autres termes, qu'il ne laisse subsister aucune raison suffisante pour déterminer un choix.

En veut-on un exemple ? On est amené dans les développements de la Relativité à se demander s'il peut exister un autre phénomène que le phénomène électro-magnétique qui soit susceptible de se propager *dans le vide* avec une vitesse différente de la vitesse de la lumière et l'on conclut par la négative. Voici l'argument : si un phénomène d'un autre ordre, par exemple la gravitation, transmettait son action dans le vide

---

1. M. Von Laue, *La théorie de la Relativité*, *op. cit.*, t. I, p. 52.

autrement que la lumière, nous pourrions à son occasion déterminer une nouvelle transformation de Lorentz qui différerait
de la transformation habituelle par la valeur du coefficient C[1]
et l'on se trouverait en quelque sorte en présence de deux
espaces-temps. Mais alors, il n'y aurait aucune raison suffi-
194 sante pour exclure l'un des | systèmes de formules plutôt que
l'autre. Le principe de raison suffisante se verrait inapplicable
en même temps que le principe de relativité se trouverait faux.
Il est donc nécessaire, pour la validité d'un principe comme
de l'autre, qu'il n'y ait qu'une vitesse de propagation dans
l'espace-temps, ou pour mieux dire, on déduit de l'un comme
de l'autre principe, qu'il n'y a qu'un seul espace-temps.

Ainsi, comme on l'a souvent fait remarquer, le principe de
relativité revient finalement à affirmer un absolu puisqu'il
aboutit à poser un espace-temps unique. De la même manière,
le principe de raison suffisante revient à affirmer l'unité du
système qu'il organise. C'est en vertu de la liaison fondamentale de toutes nos représentations, que « rien d'isolé et
d'indépendant, dit Schopenhauer,[2] rien d'unique et de détaché, ne peut devenir notre objet ». D'un côté comme de l'autre,
rien de gratuit ne doit trouver place. Or une dualité dans
l'espace-temps remonterait beaucoup plus haut que la diversité empirique. Cette dualité rendrait impossible toute pensée
synthétique. Algébriquement parlant, on ne pourrait plus, dans
cette hypothèse trouver un seul et même groupe pour réunir les
deux ordres de phénomènes qui postuleraient des espaces-
temps différents.

1. *Ibid.*, t. I, p. 61.
2. Schopenhauer, *De la quadruple racine du principe de la raison
suffisante*, trad. Cantacuzène, 1882, p. 38; trad. F.-X. Chenet, Paris, Vrin, 1998.

| Il n'est pas jusqu'aux systèmes de référence individuel- **195** lement choisis qui ne doivent porter la marque de leur caractère suffisant dès que le choix est éclairé par les principes relativistes. C'est un point que M. H. Wildon Carr a indiqué[1]. L'univers que le principe de Relativité affirme est un univers dans lequel « les systèmes de référence sont définitifs (ultimate) sans être absolus, et relatifs sans être conditionnés extérieurement, dans lequel chaque système est suffisant par soi-même (self-sufficing) et contient sa propre norme ».

IV

En prenant la question d'un autre biais, on voit qu'il est nécessaire de trouver dans la construction elle-même un facteur organique et intime qui lie les divers éléments. Il ne suffit pas de constater le général, il faut encore le prouver ; il ne suffit pas de découvrir la généralité baconienne, faite d'effacement, portrait composite et informe d'une réalité forcément superficielle, mais il faut trouver une généralité progressive qui | entraîne et oblige, en d'autres termes il faut que la pensée **196** vive la généralisation. A. Lalande a compris justement que l'on devait rapprocher les liens relativistes des procédés d'assimilation. Dans un article critique sur le livre de É. Meyerson, il s'exprime ainsi : La Relativité « élargissant le domaine de ce qui peut être prévu *a priori* a donné lieu à quelques-uns de ceux qui l'adoptent (disons même, si l'on veut, à un assez grand nombre d'entre eux) d'affirmer qu'on aperçoit ainsi la raison

---

1. W. Carr, « The metaphysical aspects of Relativity », *Nature*, 7 février 1921, p. 810.

pour laquelle l'Univers doit nécessairement revêtir la forme que nous lui avions trouvée »[1]. Dans le même article, A. Lalande a indiqué la tendance de la philosophie à poser comme certain, comme actuel, le principe de raison suffisante ; il a invoqué aussi ce qui persiste de valeur normative dans la transformation d'une vérité idéale en une vérité de fait, sans toutefois appliquer de très près cette vue ingénieuse au développement des doctrines relativistes. Cependant n'est-ce pas à leur propos plus peut-être que pour toute autre doctrine qu'on peut dire que « la logique n'est pas moins normative que l'esthétique » ? Par leurs possibilités systématiquement élargies, les doctrines relativistes nous invitent avant de nous obliger, elles nous entraînent peu à peu vers une physique

197 coordonnée ; elles constituent des corps de | règles qu'on pourrait croire préliminaires ; mais la construction achevée, la clef de voûte posée, la loi des efforts mutuels s'établit nécessairement. Nous étions partis guidés par une sorte de pensée esthétique, toute en possibilité, qui semblait construire pour construire. Nous aboutissons à un système logique, affirmé dans une unité manifeste. Les conditions de la fécondité de pensée deviennent ainsi progressivement, par leur harmonie, dans le clair achèvement d'un système complet et homogène, de véritables conditions logiques. De cette manière se trouvent conciliées des raisons inductives et des raisons logiques. Les doctrines relativistes ne forment pas un corps fermé que la déduction n'aurait qu'à éclairer et expliquer, mais elles se présentent au contraire comme une logique d'une forme toute spéciale, puisque cette logique conquiert et assimile.

---

1. A. Lalande, « La Déduction relativiste et l'assimilation », *Revue philosophique*, mars. 1926, p. 175.

Cette impulsion inductive, dont la source est ainsi nettement impliquée dans une organisation de pensée, nous paraît marquer d'un trait tout spécial l'épistémologie relativiste. C'est pourquoi nous préférons rapprocher le principe de raison suffisante, qui aide cette induction, du principe correspondant de Schopenhauer plutôt que du même principe pris au sens leibnizien. Chez Leibniz le principe de raison suffisante prend sa racine dans le phénomène, c'est un principe de raison déterminante bien proche du principe de causalité. Le principe de Schopenhauer est une | loi de la représentation du sujet et **198** comme tel, il est, au moins par certains côtés, un principe de connaissance ; à telles enseignes que parmi les quatre racines de ce principe, Schopenhauer retient à côté de la causalité, les lois logiques de l'entendement. Au fond, tout ce qui étend la connaissance est chez Schopenhauer comptable du principe de raison suffisante qui devient de cette manière un principe d'induction suffisante. Un pas encore et le réel n'est plus que la cause occasionnelle de la pensée. Chez certains relativistes le rôle de l'entendement dominera d'une semblable façon dans l'information de l'expérience. A. S. Eddington écrit ainsi : « Pour la première fois, maintenant, nous avons égard au fait que les propriétés de l'Univers extérieur que discute la physique sont des propriétés qui ont été choisies par l'esprit »[1]. Jusqu'ici rien qui heurte les conceptions réalistes puisque ces conceptions nous habituent à considérer l'Univers comme une réserve inépuisable de faits qui s'offrent à notre choix. Mais à la réflexion, on doit se rendre compte qu'il s'agit moins des propriétés retenues que du lien que nous allons leur imposer. Dès lors, ne voit-on pas immédiatement que ce lien va, par

---

1. A. S. Eddington, *Espace, temps et gravitation, op. cit.*, p. 240 note.

réaction, être la véritable définition des propriétés reliées. Pour
constituer vraiment un réalisme, il faudrait que la liaison fût
199 elle-même | inscrite dans le réel. Mais A. S. Eddington ajoute
immédiatement :

> Le principe de sélection doit être une loi de l'esprit ; les lois de
> la nature qui dépendent de cette sélection peuvent être
> regardées comme imposées par l'esprit. Ainsi, l'esprit, dans
> notre théorie, est comparable à un tyran qui fonde ses lois sur
> l'Univers *qu'il perçoit*. Ce n'est là qu'une moitié du problème
> car c'est à peine s'il est nécessaire de faire remarquer qu'une
> loi de l'esprit n'est autre qu'une loi à laquelle l'esprit doit lui-
> même obéir [1].

Qu'on réfléchisse au surplus à l'ordre d'abstraction des lois
dont parle A. S. Eddington ; on ne se reconnaîtra sans doute
plus le droit de dire que la Nature les contient ; tout au plus,
elle les reçoit. Si l'on veut bien attacher son attention au fait
qu'elle les reçoit *successivement*, conformément à un plan
qui s'enrichit à chaque pas, on doit convenir, croyons-nous,
que l'échelle inductive est parcourue sous l'impulsion plus
toujours claire de l'esprit et qu'il ne reste que bien peu de place
pour l'expérience dans l'induction relativiste.

---

1. *Ibid.*

LIVRE III

CHAPITRE VII

RELATIVITÉ ET RÉALITÉ

I

Nous devons marquer ce qui sépare notre point de vue spécial du point de vue bien plus général et important où s'est placé É. Meyerson. Après les travaux de l'éminent épistémologue, c'est seulement en présentant un aspect particulier de la pensée relativiste que nous pouvons espérer faire œuvre utile.

Le livre de la *Déduction Relativiste* vise, entre autres résultats, à établir le caractère spatial des explications de la physique einsteinienne, à se transporter d'abord au centre de la traduction géométrique du système, à prendre conscience | de l'unité organique de la doctrine pour en *déduire* ensuite les **202** éléments et les caractères du réel. La thèse est surtout occupée de l'application, de la vérification de la doctrine. Elle démontre que la pensée touche vraiment au réel, que ce qui est cohérent dans l'esprit est également cohérent dans les choses, que les conséquences d'une pensée géométrique sont les conséquences mêmes de l'expérience. Elle développe ces conséquences comme on étale des richesses, sans souci de la divergence de leurs origines. Bref, la thèse meyersonienne est juste dans l'axe d'une *explication*.

Mais avant d'expliquer, il faut construire. Nous nous sommes donc proposé d'insister sur les voies et moyens qui conduisent au système, sur les conditions dans lesquelles la pensée, alternativement, essaie de s'unifier et de se compléter. Lente et difficile ascension où toute aide est toujours accueillie, où tout prétexte est bon pour supposer, toute analogie pour induire, toute expérience constante pour généraliser. Nous avons cru ainsi être fondé à dégager, jusque dans la partie mathématique de la doctrine, une force inductive qui peut sembler vague parce qu'elle est tolérante mais dont on ne peut guère nier la persistance.

Vis-à-vis du problème général du réalisme, où la contribution de É. Meyerson est si nouvelle et si importante, nous avons pu d'ailleurs rester jusqu'ici sur l'expectative. **203** Puisque nous nous | donnions pour but d'analyser un mouvement de pensée, le terme ou l'origine de cette pensée pouvaient d'abord être laissés en dehors de notre examen ; c'étaient là des questions plus difficiles ressortissant à la métaphysique plus qu'à l'épistémologie. Certes, leur solution éclairerait d'une lumière toute nouvelle le problème même du progrès de la pensée, mais malgré l'assurance qu'une construction épistémologique recevrait si l'on pouvait faire la preuve qu'elle part du réel, qu'elle y revient, qu'elle y puise tous ses éléments, tous ses liens, il demeure possible de reconnaître une force de synthèse, moins profonde si l'on veut,

mais puissante quand même, qui pousse l'invention *en avant
de l'expérience*.

Une fois limité à ce point de vue résolument épistémologique, nous étions donc amené à placer le problème du
réalisme dans une situation dérivée et cela pour une double
raison. Non seulement nous ne pouvons le poser qu'en termes
d'épistémologie, mais encore nous ne devons le poser qu'en
termes de *mouvement* épistémologique ; autrement dit, nous ne
répondons pas à la question : où est le réel, mais seulement à la
question : dans quelle direction et par quelle organisation de
pensée peut-on avoir la sécurité que l'on approche du réel ?

Mais admettons que la preuve soit faite que le Relativiste,
comme tout physicien, postule une réalité. Resterait encore à
examiner si, dans sa | recherche, il part de l'objet réel comme **204**
d'une donnée ou bien, au contraire, s'il procède en rectifiant
des idées manifestement subjectives et qui ne sont liées à ce
premier réel que comme une action est liée à son occasion.
Comme l'a fort bien marqué A. Lalande[1], il faut distinguer
soigneusement entre l'assimilation des esprits entre eux et
l'assimilation de l'esprit aux choses. Le progrès relativiste est
de toute évidence une rectification d'idées, il tend à substituer
des principes à des principes, à faire l'accord des esprits ; il
remet à l'avenir le soin de prouver que cet accord a une racine
dans l'accord de l'esprit et des choses. On doit avouer, pour le
moins, que le réalisme de la Relativité manque d'activité
philosophique. On ne voit pas sa fonction épistémologique et il
n'est susceptible que d'une vérification tardive et indirecte.

Voici alors une question que nous croyons décisive : Peut-
on être vraiment réaliste en *construisant* une réalité ; ne faut-il

---

1. A. Lalande, *La Déduction relativiste et l'assimilation*, art. cit., p. 168.

pas toujours *trouver* une réalité ? Si même on pose le problème
en termes criticistes ne devra-t-on pas dire que la fonction
caractéristique de la réalité dans l'épistémologie consiste dans
le fait que la réalité est trouvée, est donnée, est imposée ?
Resterait donc la seule possibilité de la décrire, et tout l'effort
205 théorique se dépenserait à la décrire économiquement, | à
organiser avec clarté un système de repères.

　　Ce que le réalisme peut réserver de facteurs idéalistes, il le
doit précisément à ce mouvement qui conduit des détails aux
repères, mouvement qui va, dans sa forme proprement scientifique, jusqu'à substituer, comme le dit très bien A. Rey, le
concept au percept[1]. Mais cette substitution, pour être claire,
pour être convaincante, doit être un acte, non un fait ;
autrement dit, elle doit garder un rôle à la sensation même.
C'est par rapport à la sensation, mais en termes de sensations
encore, qu'un réalisme peut s'enrichir et s'organiser. Combien
dès lors le réalisme de la Relativité paraît manquer de substance, combien ténus sont les liens qui relient les faits de la
sensation aux principes de base de la Relativité ! Pour n'en
donner qu'une raison, il suffit de se rendre compte que la
principale difficulté des nouvelles doctrines provient, sans
nul doute, de la rapidité avec laquelle elles transcendent
les données des sens. Ces doctrines sont résolument et
uniquement conceptuelles.

　　D'ailleurs c'est par principe que la Relativité évince le
sensualisme puisqu'elle entreprend d'éliminer l'observateur
systématiquement et en partant des concepts plutôt que des
206 sensations de cet observateur. D'habitude, quand on écarte | le

---

1. A. Rey, « La théorie physique… », *Revue philosophique*, août 1925,
p. 142.

caractère subjectif et individuel de la sensation, c'est qu'on prétend atteindre à une manière d'objectivation sociale. On croit alors trouver une bonne preuve de la Réalité dans le *consensus*, mais ce consensus est encore exprimé en partant des sensations, il conduit à une généralité de fait, à des impressions schématisées par la mémoire, psychologiquement. L'objectivation entreprise par la Relativité se développe sur un tout autre plan, elle vise à une généralité d'essence, non de fait, une généralité des cadres propres à informer les impressions, rationnellement.

La Relativité va donc à contre-sens de l'empirisme. Or la direction même du mouvement épistémologique nous paraît fournir le principe le meilleur pour la classification des doctrines métaphysiques. D'abord, on trouve à ce classement une clarté dichotomique péremptoire, ce qui est encore le plus sûr moyen de garder en toute lumière la totalité des objets classés ; ensuite ce principe est, comme il convient, exprimable en termes entièrement épistémologiques. Si donc nous appelons réalisme toute doctrine qui maintient l'organisation des impressions au niveau des impressions elles-mêmes, qui place le général après le particulier, comme une simplification du particulier, qui croit par conséquent à la richesse prolixe de la sensation individuelle et à l'appauvrissement systématique de la pensée qui abstrait, on ne peut guère taxer de réalisme | la **207** Relativité. Elle est en effet sous le signe inverse. Elle part du général, l'assure, le confirme, le multiplie. C'est même dans une généralité ainsi multipliée et organisée que la Relativité trouve la voie qui conduit aux spécifications. Par certains côtés, l'électricité par exemple apparaît en Relativité comme plus générale que la gravitation puisqu'elle écarte dans la métrique de H. Weyl des postulats qu'acceptait encore la théorie de la gravitation pure. Ainsi ce qui est spécial, comme le caractère électrique, trouve place au sommet d'un procédé de généralisation. Pour parler comme É. Meyerson, c'est sous l'apparence d'une généralité « épaissie » que se présente la Réalité relativiste.

II

En posant maintenant le problème sous une forme légèrement différente on peut saisir aussi la Relativité dans un rapport nouveau vis-à-vis de l'extension et de la compréhension des notions. En effet, la Relativité ne trouve pas l'extension par un examen et une comparaison des diverses compréhensions, mais elle juge plutôt inversement la compréhension par l'extension. Pour la Relativité, un caractère qui ne **208** peut pas se généraliser | et s'étendre n'est pas un caractère profond, il n'appartient pas vraiment à la compréhension, il est le signe que l'analyse notionnelle n'est pas correcte ou qu'elle est inachevée, et qu'on n'a pas encore dégagé les éléments de la construction scientifique. Finalement, dans cette doctrine, ce sont les caractères extrinsèques qui désignent correctement les caractères intrinsèques, ou mieux, le rapport est si étroit entre la compréhension et l'extension qu'un équilibre complet semble se faire entre les valeurs d'application et les valeurs d'explication d'une notion. C'est au point que nous croyons pouvoir dire en vivant sur le plan de la pensée scientifique renouvelée par l'hyper-criticisme relativiste que l'*essence est une fonction de la relation.*

Certes, cette formule heurte des habitudes réalistes fortement enracinées. On veut toujours penser la qualité avant sa manifestation, comme une virtualité toujours prête à passer à l'acte et qui ne réclame que des conditions favorables pour se produire. Nous croyons plutôt que les conditions annexes sont déterminantes dans toute la force du terme, ou, mieux, qu'on n'a aucun barème pour établir une classification parmi les conditions. D'ailleurs, en l'absence de conditions externes, on ne peut déceler les conditions internes : de quel droit alors les supposer ? La virtualité est en somme une pure catégorie de l'esprit. L'objet ne possède réellement ni la racine, | ni, *a* **209** *fortiori*, la raison de ses qualités. L'adjectif possessif n'a de sens que dans un régime déterminé de propriété, il est fonction de ce régime et l'on comprend que, suivant le caractère spécifié, l'*attribution* ait des degrés et des modes. Mais de toute façon cette attribution réclame des rapports entre objets ; la relation, c'est ce qui donne vraiment à l'attribut une part de substance, une richesse palpable et utilisable. L'attribut sans la relation est un chèque sans provision.

Ce point de vue paraîtra peut-être plus clair si l'on en cherche une expression plus mathématique et par conséquent plus adéquate. En effet, pris comme complexe de rapports, un phénomène particulier est une véritable fonction de plusieurs variables et l'expression mathématique est encore celle qui l'analyse de plus près. Or les variables que réunit cette fonction, c'est par artifice seulement qu'elles peuvent être séparées et placées dans une évolution indépendante. Le Réalisme a coutume d'en expliciter une qu'il juge alors primordiale ; c'est celle que nous pourrions appeler la variable intime, individualisante. La Relativité, au contraire, s'éduque à ne considérer que la fonction totalisatrice, dans la parfaite réciprocité de toutes ses variables. Elle sait qu'une explicitation n'est qu'un procédé d'exposition et, en ce sens, par besoin de clarté ou par habitude, elle peut faire place à un exposé réaliste avec une variable distinguée. Mais il | faut toujours en venir à **210** replacer le problème dans la solidarité de ses variables, dans le plan de sa symétrie métaphysique où toutes les fonctions valent au même titre. Il n'y a donc plus de raison de transcender la relation. C'est la relation qui dit tout, qui prouve tout, qui contient tout ; elle est la totalité du phénomène pris comme fonction mathématique.

Au surplus pour bien comprendre la pensée relativiste, il faut sans cesse résister à l'entraînement réaliste. Pour cela on cherchera systématiquement, pour tous les prédicats, un lien extérieur à leur sujet d'inhérence. On posera ces prédicats comme des relations, on ne les posera plus comme des propriétés. Nous avons suivi longuement, sous le nom de relativation, cette introduction d'un relatif – d'un rapport à l'externe – au sein des diverses qualités. Nous craignons cependant que les termes ainsi solidarisés ne paraissent conserver encore un reste de réalité antécédente à la relation. Aussi croyons-nous utile de poser le problème de la relation au niveau des questions d'existence, dans la forme même où l'on ajoute, après la définition de certaines fonctions mathématiques, des théorèmes d'existence qui légitiment et en quelque sorte « réalisent » cette définition. Au commencement est la relation ; tout réalisme n'est qu'un mode d'expression de cette relation ; on ne peut pas penser en deux fois le monde des objets : d'abord comme relatifs | entre eux, ensuite comme existant chacun pour soi. Encore bien moins dans l'ordre inverse, car on en revient toujours à prouver l'existence par la relation. En particulier il serait, à notre sens, complètement insuffisant de voir dans la relation une simple condition de la mesure physique, car la relation affecte l'être, mieux elle ne fait qu'un avec l'être. En remontant de proche en proche, on doit se rendre compte que si l'on retranche la relation, il n'y a plus d'attribut, partant plus de substance. En poussant ainsi la Relativité jusqu'à ce que nous croyons être ses conséquences métaphysiques on a l'impression que les conditions mathématiques qui lui servent de point de départ se multiplient et se prolongent en une ontologie d'autant plus cohérente qu'elle est d'essence mathématique. En d'autres termes, les conditions mathématiques indiquent l'être parce qu'elles sont elles-mêmes une partie de l'être, ou mieux encore on peut dire que l'être n'est fait que de leur coordination et de leur richesse.

Nous voulons insister sur un exemple propre à éclairer cette conviction métaphysique. À propos de l'inertie, nous avons vu que l'on n'en pouvait donner de définition correcte qu'à l'égard d'un système de coordonnées bien spécifié. Or ce n'est pas là une constatation valable seulement sur le terrain de la référence, elle va plus loin que la Relativité d'ordre géométrique et mécanique, | elle touche précisément à une véri- **212** table Relativité d'ordre ontologique. En effet, il s'agissait d'une propriété qui semblait être posée comme essentiellement attachée à un objet, et c'est cette propriété qui va s'effacer en l'absence d'un *autre* objet. Voici comment s'exprime Einstein lui-même[1] : « Dans une théorie logique de la Relativité, il ne peut y avoir une inertie relativement à l'espace ; il n'y a qu'une inertie des masses par rapport aux autres masses. Si l'on éloignait une masse à distance infinie des autres masses, son inertie devrait s'annuler ». Ce n'est donc pas là un effet qui disparaît en l'absence des conditions requises pour sa détection tel que ce serait le cas, en se plaçant par exemple dans les hypothèses newtoniennes, d'un soleil sans planète,

1. A. Einstein, *Kosmologische Betrachtungen zur allgemeinen Relativitätstheorie. Sitzungsberichten der Preuz. Akad. d Wissensch*, 1917, cité par J. Becquerel, *Le principe de la Relativité et la théorie de la gravitation*, *op. cit.*, p. 302.

qui n'aurait aucun prétexte pour manifester son pouvoir
d'attraction. Au contraire, il s'agit bien d'une propriété
intrinsèque qui s'annule non pas dans son effet seulement,
mais dans sa causalité. Et si paradoxal que cela paraisse, si
choquant que cela soit pour notre langage réaliste, il faut bien
arriver à conclure que la propriété s'annule parce qu'on n'a
aucun moyen de la définir. L'inertie d'un corps relativement à
un *espace* pouvait encore avoir une attache primordiale dans le
213 corps considéré, | elle pouvait encore correctement être prise
comme une de ses propriétés intrinsèques. Mais l'inertie d'un
corps purement relative à un autre corps n'a manifestement
aucune réalité dans un corps isolé. Et si l'on songe que l'inertie
fut longtemps le signe même de la matière, la qualité première
d'ordre énergétique qui établissait le plus sûrement la présence
matérielle, on voit que sa relativation opère une sorte de déma-
térialisation d'ordre logique. L'existence même de l'objet, et
non pas seulement la preuve de cette existence, apparaît ainsi
indissolublement impliquée dans des conditions *logiques* qui
la dominent entièrement. Cela nous justifie peut-être de
prétendre que le problème de l'existence est, dans les doctrines
relativistes, un problème qui *suit* la définition de l'entité considérée, de même qu'en Analyse mathématique le théorème
d'existence d'une fonction suit la définition de cette fonction.

Encore une fois, on s'aperçoit donc que la Relativité ne
trouve pas d'abord un réel qu'elle s'appliquerait ensuite à étudier, en suivant la pente de tout réalisme, mais qu'elle organise
des entités, avant de poser – nous verrons dans quelle direction
– le problème essentiellement secondaire de leur réalité.

| III   **214**

C'est encore en termes d'antériorité épistémologique qu'il faut examiner, croyons-nous, les relations nouvelles apportées par la Relativité entre la matière et l'espace.

Certes la pensée philosophique livrée au réalisme s'accommode souvent de notions disparates, d'atomes qui se suffisent à eux-mêmes et, en particulier, matière et espace sont primitivement posés par le réalisme dans une indépendance si grande que le problème de leur rapport s'efface. Tout entière à son rôle de substance, la matière est prise comme le support nécessaire des phénomènes dans l'espace, mais elle est indifférente à l'espace ; il importe peu qu'elle soit ici ou là. Elle apparaît aussi comme retranchée du temps qui n'a d'action que sur sa distribution dans l'espace. En résumé, l'espace ni le temps ne donnent aucune *composition* pour la matière qui reste déliée et inactive. Le fait que la matière aristotélicienne ait, suivant ses espèces, des lieux naturels ne peut fournir à cela une objection valable car cette localisation n'implique qu'une référence géométrique grossière et elle n'apporte pas un lien intime au sein de la matière. On pourrait dire, pour retourner un mot célèbre, que la matière | est d'abord pensée comme un **215** monde de supports sans rapports.

Avant d'envisager l'effort de corrélation directe entrepris par la Relativité pour réunir des notions aussi distantes que l'espace et la matière, il serait intéressant de suivre les essais de la pensée scientifique pour peupler l'intervalle et établir, par des intermédiaires, la possibilité d'une coopération. Cela reviendrait à rapprocher deux méthodes d'explication : explication par la qualité, explication par l'étendue. On verrait en particulier que la physique des agents participe des caractères de l'une et de l'autre explication et tente de concilier ce qu'il y a de spécifique dans les phénomènes et ce qu'il y a de géométrique ou de cinématique dans leurs lois générales. On verrait ensuite, après le déclin de cette explication par les fluides spécifiques, la physique des champs essayer de remplir un même rôle transactionnel[1]. Mais encore qu'elle aille plus avant, cette transaction est loin d'être parfaite. Elle manque pour ainsi dire d'impartialité. Tantôt le champ est trop géométrique, trop conventionnel, il est délibérément une simple expression mathématique, prudemment avancée sous le couvert du « comme si » newtonien. Tantôt le champ est matérialisé trop lourdement. C'est alors un véritable milieu **216** physique. Mais son caractère hypothétique | ne tarde pas à ressortir ; les divers attributs qu'on apporte du dehors à l'éther sont trop différents ; on n'arrive pas à les composer, à les solidariser de manière à poser nécessairement l'un avec l'autre. On n'a jamais pu en particulier passer des propriétés électromagnétiques de l'éther à des propriétés mécaniques susceptibles d'être décelées par l'expérience. Des unes aux autres, le lien reste purement hypothétique.

Cette faillite de l'éther maxwellien provient sans doute de prétentions matérialistes finalement insoutenables. On a donné un coefficient de réalité à la matière, réservant l'idéalité pure pour l'espace. À la réflexion, on doit cependant se rendre compte que réalisme et matérialisme doivent être distingués, autrement dit que la matière peut être prise comme aussi « idéale » que l'espace ou bien l'espace aussi réel que la matière. Il ne va pas de soi qu'on doive donner une primauté réalistique à la matière sur l'espace. En fait, le champ

1. *Cf.* E. Cassirer, *Zur Einstein'schen Relativitätstheorie*, Berlin, Bruno Cassirer Verlag, 1920, p. 61 ; *La théorie de la Relativité d'Einstein*, trad. J. Seidengart, Paris, Cerf, 2000.

électromagnétique n'a pas plus besoin de support que l'atome lui-même ; il est réel au même titre et, en particulier, il n'y a nul intérêt à supposer un atome dans l'éther comme origine ou base des vecteurs électro-magnétiques. En s'exprimant comme Julien Pacotte, on peut dire que le champ électro-magnétique est entièrement autonome, il n'est pas plus conditionné par l'éther que par les sources.

Mais cette libération du champ à l'égard d'une | matière **217** qui devait lui permettre de se manifester va avoir une contre-partie. Elle conduit en effet à égaler systématiquement ce champ à son phénomène. Pourquoi même dépasserait-on l'espèce de phénoménologie mathématique où, de prime abord, le champ électro-magnétique paraît se développer naturellement ? On ne souhaite pas aller plus loin que le caractère mathématique quand on dit du champ électro-magnétique qu'il est tout entier défini par un champ de quadrivecteurs de l'espace-temps. Finalement ce sont les lois mathématiques et rien que les lois mathématiques qu'on réalisera. On aboutira ainsi à un réalisme d'affirmation qui va d'un trait de l'attribut au substantif et qui doit rester bien pâle auprès du réalisme des philosophes puisqu'il s'agit ouvertement d'un réalisme sans substance. «Les champs électromagnétiques, dit nettement Einstein [1], ne représentent pas des états d'un milieu, mais ce sont des réalités indépendantes, qui ne peuvent être réduites à rien d'autre et qui ne sont liées à aucun substratum ».

Si l'on songe enfin que la matière a aussi perdu sa position de réalité privilégiée en devenant une simple forme de l'énergie et qu'elle est apte par conséquent à rentrer dans les cadres d'une géométrie de l'espace-temps, on trouvera le terrain bien

---

1. A. Einstein, *L'Éther et la théorie de la Relativité*, trad. Solovine, p. 9.

218 aménagé pour une nouvelle organisation des | principes d'explication. Matière, champ, espace apparaissent moins disparates quand ils sont saisis par leurs éléments mathématiques.

C'est cette phénoménologie mathématique qui va étendre sa domination avec une franchise et une persévérance toutes nouvelles au point qu'on a pu parler d'une géométrisation du réel. É. Meyerson a saisi toute la portée de cette géométrisation ; il a montré qu'elle avait des antécédents et qu'en un certain sens, la science relativiste reprenait avec peut-être « moins de hardiesse et de clarté » le mouvement même des systèmes cartésien ou hégélien. À vrai dire ce rapprochement juge plutôt du résultat que de l'esprit de la méthode et pour ne parler que du cartésianisme dont l'inspiration est plus géométrique, le résultat est déjà inscrit dans les éléments du système. En effet, il s'agit alors d'une géométrie postulée, d'une unification *a priori*. Elle est donc bien éloignée de l'unification relativiste qui n'apparaît qu'au terme d'une longue construction. Encore une fois, dans la Relativité, on a affaire à une unité construite plutôt qu'à une unité intuitive. Aussi c'est dans le mouvement même de la méthode qu'il faut saisir l'esprit philosophique du système relativiste ; on ne peut pas se contenter d'une intuition d'ensemble. L'ordre épistémologique des notions, en particulier, doit faire l'objet d'un examen attentif. Ainsi que nous l'indiquions au début de ce paragraphe,
219 c'est cet ordre qui | doit fournir la pierre de touche pour classer philosophiquement les doctrines. Nous voulons donc maintenant essayer, dans ce sens, de déterminer la filiation des notions de matière et d'espace.

IV

Ce qui va nuire à la clarté de notre tâche, c'est que, sur ce problème précis, les doctrines relativistes nous paraissent comporter des différences notables. Elles sont donc susceptibles, d'après nous, de fournir des solutions diverses au problème philosophique de la Réalité et de donner des arguments, pour peu qu'on sache choisir, au réaliste comme à son adversaire. Cependant nous serons toujours en droit de nous demander si l'esprit général de la Relativité ne favorise pas très nettement la thèse hostile au réalisme traditionnel. De toute manière, nous pouvons, pour simplifier, résumer les arguments en les référant à deux écoles. La première suivra les enseignements de A. Einstein, la deuxième, ceux de A. S. Eddington.

Einstein paraît adopter le point de vue traditionnellement réaliste en ce sens qu'il suppose pour ainsi dire la matière comme antérieure à l'espace. C'est la matière qu'il faudrait d'abord | connaître et décrire pour suivre la structure de **220** l'espace. « D'après la théorie de la Relativité généralisée, écrit-il[1], les propriétés géométriques de l'espace ne sont pas indépendantes de la répartition de la matière, mais bien conditionnées par celle-ci. On ne peut donc rien dire sur la structure géométrique du monde si l'on ne suppose connu l'état de la matière ». La matière aurait ainsi à l'égard de l'espace une manière de causalité. On pourrait dire que la courbure de l'espace est un effet de la distribution de la matière si l'on disposait d'un autre principe distributif que l'espace. On

---

1. A. Einstein, *La théorie de la Relativité restreinte et généralisée*, trad. J. Rivière, Paris, J. Gabay, 1921, p. 99.

se trouve ainsi devant un cercle vicieux puisqu'il nous faut l'espace pour décrire la matière encore que la matière conditionne l'espace. Nous aurons à nous demander si ce cercle vicieux n'est pas le signe d'une réciprocité plus parfaite que la relation de cause à effet.

J. Becquerel nous paraît encore accentuer, sur ce point, le réalisme einsteinien puisqu'il détermine les caractéristiques générales de l'espace par la quantité de matière qu'il contient. J. Becquerel dit ainsi :

> On peut attribuer à la matière, ou plus exactement aux électrons qui la composent, un rôle primordial. Ce point de vue paraît conforme à la conception de l'Univers cylindrique d'Einstein. En effet, dans l'hypothèse | d'Einstein, la courbure d'ensemble de l'Univers est déterminée par la quantité totale de matière existante
>
> $$U = \frac{\kappa}{4\pi^2} M,$$
>
> de sorte que, si, par un miracle, de la matière venait à être créée dans l'espace existant, le volume de l'espace augmenterait ; la matière crée, en quelque sorte, l'espace qui la contient, et s'il n'y avait pas de matière, il n'y aurait pas d'Univers [1].

Il n'y a peut-être là qu'un réalisme d'expression, qu'une figure de style pour marquer plus fortement l'antériorité épistémologique de la matière vis-à-vis de l'espace. Il est bien difficile en effet d'y voir une véritable action de la matière sur

---

1. J. Becquerel, *Le principe de la Relativité et la théorie de la gravitation*, *op. cit.*, p. 304.

l'espace. É. Picard en a fait la remarque[1]. Peut-être, dit-il, ce langage « a-t-il conduit parfois à des assertions en opposition avec la pure doctrine de la relativité. Ainsi on peut lire chez certains auteurs que la présence de la matière produit une courbure de l'espace, tandis qu'il est plus conforme aux idées de *géométrisation* de dire que l'existence de la matière est une conséquence de certaines déformations ». Cela reviendrait à donner le pas à l'espace sur la matière.

Nous croyons qu'on peut aborder, en suivant | l'interpré- **222** tation de A. S. Eddington, à un point de vue encore plus fidèle à la direction générale de la pensée relativiste. Ce point de vue est celui de la réciprocité parfaite des conditions matérielles et géométriques. Il est susceptible de remplacer, dans la liaison matière-espace, l'idée de cause efficiente par l'idée de fonction réciproque. On introduit ainsi une relativité entre les deux principaux facteurs d'explication, l'explication par la structure matérielle devenant corrélative de l'explication par les propriétés géométriques d'un espace-temps richement diversifié.

Cette corrélation a d'abord rapproché les deux sens possibles du concept de substance prise soit comme réalité, soit comme catégorie. Parlant à des philosophes au Congrès d'Oxford de 1920, A. S. Eddington traça en ces termes une première ébauche de sa pensée :

> En contemplant les cieux étoilés, l'œil peut y tracer une foule de modèles géométriques, des triangles, des chaînes d'étoiles, et des figures plus fantastiques encore. En un sens, ces dessins existent dans le firmament ; mais leur

---

1. É. Picard, *La théorie de la Relativité et ses applications à l'astronomie*, Paris, Gauthier-Villars, 1922, p. 19.

reconnaissance est subjective. Ainsi, au moyen des événements les plus ordinaires qui constituent le monde extérieur, on peut établir une immense variété de modèles. Il est une espèce de dessin surtout, que l'esprit aime à tracer partout où il le peut ; quand nous | pouvons le tracer nous nous disons : Voici une substance ; et là où nous ne le pouvons pas, nous disons : Comme c'est peu intéressant ! Nos lignes ne donnent rien à cet endroit. Nous sommes ici en présence d'une substratum objectif réel ; mais la distinction de la substance et du vide est l'œuvre propre de l'esprit, et dépend de l'espèce de dessin auquel il s'intéresse en le reconnaissant [1].

Le dualisme traditionnel ainsi présenté a, comme on le voit, perdu une partie de sa rigueur car d'une part, le « substratum objectif réel » multiplie ses formes, devenant aussi bien une énergie libre qu'une énergie liée, aussi bien une ondulation qu'un électron ; d'autre part, l'information géométrique nouvelle est autrement riche, autrement souple que l'appréhension kantienne tout entière réglée sur la géométrie d'Euclide ; il semble que cette information ne se borne pas à encadrer une diversité inerte, mais qu'elle possède déjà en elle-même des éléments de la diversité. On trouvera d'ailleurs dans l'œuvre de A. S. Eddington bien des pensées qui tendent tantôt à géométriser, tantôt à subtiliser à l'extrême cette substance inconnue, travaillant ainsi à combler le gouffre épistémologique en agissant sur ses deux bords. Mais c'est surtout le caractère réaliste qu'on estompe en diminuant son rôle jusqu'à le réduire à rien.

Il ne semble pas – dit par exemple A. S. Eddington – qu'il soit nécessaire | de supposer dans l'espace l'existence d'une

1. A. S. Eddington, *Vues générales sur la théorie de la Relativité*, trad. Th. Greenwood, Paris, Gauthier-Villars, 1924, p. 39.

entité de nature étrangère qui affecte la nature de la géométrie ; et si nous faisions une telle supposition, il ne faudrait pas regarder cette entité comme quelque chose de sensible, car le sujet de l'expérimentation physique n'est pas cette entité étrangère, mais bien le caractère même de la géométrie de l'univers [1].

L'œuvre de la connaissance serait alors de retrouver, à partir d'une géométrie axiomatique à forte armature logique, les formes d'une espèce de géométrie naturelle.

Mais de la matière à l'espace comment pourrait-on encore parler de causalité ? Nous voyons immédiatement deux raisons qui rendent ruineuse l'idée d'une causalité spatiale de la matière. Il y a d'abord un motif d'ordre en quelque sorte métaphysique qui réclame pour la catégorie de causalité l'unité de plan phénoménologique pour les deux phénomènes que cette catégorie relie. Schopenhauer a fait de cette remarque une objection décisive contre la causalité du noumène. Il est impossible en effet d'énoncer correctement une relation causale entre le monde du noumène et celui du phénomène. Or matière et espace apparaissent sans aucun doute placés dans deux plans phénoménologiques différents quand on prétend que la matière *déforme* l'espace.

L'autre motif qui doit écarter cette dernière formule est spécial aux doctrines relativistes. Il résulte du fait que les éléments de définition de | la réalité se présentent dans un **225** état de synthèse indissoluble. Comme le dit Moritz Schlick [2] « seule la combinaison ou l'unité de l'espace, du temps, et des choses, est la réalité ; chacun de ces termes est par lui-même

1. *Ibid.*, p. 39.
2. M. Schlick, *Raum und Zeit in der gegenwärtigen Physik*, Berlin, Springer, 1917, p. 22.

une abstraction ». Autant dire que la relation causale est une relation abstraite. Il faudrait disposer d'une sorte de forme sous-temporelle pour faire couler les phénomènes de l'espace-temps soudain fixés dans la géométrie à quatre dimensions de Minkowski.

Doit-on alors retourner à l'ancienne solution paresseuse qui consiste à dire que les objets viennent se placer sans distorsion dans un espace conçu *par définition* comme homogène et isotrope puisque cet espace ne pourrait trouver qu'en dehors de lui-même la raison suffisante d'une différenciation ? Ce serait abandonner le fruit d'innombrables efforts pour rendre compte d'une coopération que la Relativité a rendu plus évidente que jamais en l'examinant à sa juste échelle, c'est-à-dire dans le microcosme. On peut bien en effet poser l'espace et la matière comme indifférents l'un à l'autre quand on prend les objets non pas en eux-mêmes mais au contraire pour nous-mêmes, autrement dit quand on saisit les objets à notre niveau. Je puis bien, à volonté, déplacer l'encrier sur la table, car le complexe des forces de la pesanteur, des attractions de toutes espèces | tendues entre les deux objets est péremptoirement majoré par la force dont personnellement je dispose. Ma liberté, mesure de ma suprématie, est indiscutable. Je la traduis par une indépendance des choses. Parler d'espace inerte, indifférent aux changements des objets qu'il contient, cela revient à affirmer que le champ de force qui solidarise les objets au niveau de nos actes est de l'ordre de grandeur de nos possibilités énergétiques. Humainement parlant, les objets sont communément sans réaction sur l'espace qui les renferme. Il n'y a rien de plus dans notre notion d'un espace homogène que notre expérience commune du vide ou même de l'air ambiant.

Mais tout changerait si nous voulions intervenir entre matière fine et espace fin et délier ainsi les véritables nœuds du réel qui réunissent dans l'infiniment petit les différentielles du temps, de l'espace et de la matière. C'est là que se produit le miracle de la propagation des divers phénomènes, propagation qui n'est explicable que par une solidarité de proche en proche vraiment impossible à imaginer d'après les propriétés géométriques des objets de l'expérience commune. Pour symboliser ce faisceau d'antinomies, on peut dire que toute propagation met en jeu la continuité géométrique des interactions de centres nécessairement discontinus ou encore que la propagation est une action sur l'espace qu'un objet exerce hors de son propre espace.

| Sur ce terrain, les limitations de l'intuition sont peut-être à **227** elles seules très instructives. C'est en effet dans l'intuition de l'infiniment petit qu'on sent le plus vivement une résistance à l'analyse abstraite des notions. En effet, d'une part, le concept géométrique de point est lié d'une manière plus indissoluble qu'on ne pense à l'expérience des points physiques, d'autre part, les éléments différentiels doivent être pensés dans des rapports d'évanouissement. Qu'on le veuille ou non, il faut qu'une variable du type temporel vienne apporter l'image du devenir. La géométrie infinitésimale est une mécanique.

Qu'on n'objecte pas d'ailleurs que les conditions de conceptualisation n'ont rien à voir avec les conditions de réalité. Ce serait oublier comment le problème de la réalité se pose dans les doctrines relativistes et surtout dans la thèse particulière de A. S. Eddington. Comme nous l'avons déjà fait remarquer, la Relativité ne part pas du réel ; tout au plus, elle vise à la réalité. Dès lors, les conditions d'intelligibilité doivent toujours demeurer présentes et agissantes dans notre

organisation du réel. C'est même là le secret de la valeur
informante de la géométrie relativiste.

Au surplus, dans les doctrines modernes, il ne semble plus
qu'on puisse séparer les propriétés d'un espace abstrait, conçu
en soi, qui serait d'ailleurs abandonné à toutes les libertés de
228 l'axiomatique et les propriétés d'un espace concret, | conçu par
rapport à un contenu, et qui trouverait par là même réunies, en
un groupe solidaire, des conditions d'utilité, de fécondité, de
symétrie – toutes déterminations plus ou moins analogiques,
propres enfin à favoriser les recherches inductives. La géométrie doit plutôt réunir en quelque manière le concret et
l'abstrait, être par exemple une méthode d'abstraction appliquée à des cas concrets. Situation encore bien difficile à éclairer mais qu'on sent se préciser à travers la géométrie complexe
des doctrines relativistes. En tout cas, sur le terrain de l'intuition, il n'y a pas de doute, l'intuition de l'espace comme
contenu est impossible à séparer de l'espace comme cadre et
vice versa. Autrement dit, les conditions de matérialité apparaissent plus solidement que jamais associées aux conditions
de la forme. La conception de l'espace et l'expérience de l'espace ont donc intérêt à être rapprochées. « Concevoir l'espace
et le remplir, dit très bien L. Brunschvicg, cela ne fait pas deux
problèmes, dont l'un a pu être entièrement résolu à part de
l'autre »[1].

Quand on s'est bien convaincu que matière et espace ne
sauraient, d'une part, être posés comme indifférents l'un à
l'autre et que, d'autre part, ils ne peuvent pourtant pas être
229 réunis par | un lien de causalité, quelle que soit l'extension

---

1. L. Brunschvicg, *L'expérience humaine et la causalité physique*, Paris,
P.U.F., 1949, p. 489.

métaphorique qu'on donne à cette causalité, il faut en venir à un autre type de correspondance. Cette correspondance devra naturellement s'exprimer en termes de géométrie, autrement dit, elle devra être établie en se plaçant sur le terrain épistémologique, dès qu'on voudra garder le bénéfice des positions criticistes. Tout reviendra précisément à résoudre le problème dont L. Brunschvicg a si clairement indiqué l'unité et qui consiste sans doute à saisir le procédé par lequel on peut *concevoir le «peuplement»* de l'espace, en déterminant les règles *a priori* de la spatialisation. Si le géométrique peut ainsi s'affirmer et s'affermir par un enrichissement progressif, il faut convenir que la question : « comment le réel peut-il être géométrique ? » est mal posée ; c'est la question inverse qu'il faut résoudre : « dans quelles conditions le géométrique peut-il devenir un réel ? »

C'est alors que le point de vue de M. Eddington apparaît dans toute sa valeur. « La matière, dit-il, n'est pas une cause mais un indice ». Cette formule nous paraît devoir marquer une date dans l'épistémologie. Elle intervient en effet pour modifier encore une fois nos idées sur les relations de l'*a priori* et de l'expérimental. Elle est donc susceptible de déterminer toute une philosophie nouvelle. Dans ce domaine, Kant n'avait fait qu'une révolution copernicienne ; A. S. Eddington | a préparé **230** la révolution einsteinienne de l'idéalisme.

Au fond, l'explication de A. S. Eddington reprend une idée célèbre de Poincaré qui aimait à dire que les postulats étaient des définitions déguisées. Mais Poincaré examinait alors les bases de la géométrie, il était dans un domaine manifestement abstrait et pouvait se livrer au caractère conventionnel de la construction théorique. La pensée de A. S. Eddington va autrement loin puisque ce sont les caractères physiques eux-mêmes qui vont se trouver mathématiquement définis. Cette définition des caractères du réel est d'ailleurs bien éloignée d'être une description empirique pour laquelle les mathématiques seraient un simple langage. Elle est impliquée en effet dans une atmosphère de conditions *a priori*. Autrement dit, cette description du réel est non seulement rationnelle, c'est-à-dire attachée à un système cohérent de repères, mais elle nous paraît même touchée par la lumière d'une axiomatique. A. S. Eddington le dit en propres termes[1] : « Les propriétés de configuration (géométriques) de l'Univers sont indiscernables de ses propriétés d'extension. Par suite, la manière dont se comporte la matière à l'égard de l'espace et du temps est implicitement décrite dans les axiomes de la géométrie de l'espace-temps ».

231 | On arrive en quelque partie à effacer l'irrationalité d'un phénomène complexe en acceptant un phénomène simple comme élément de l'explication. Cela revient, comme nous l'avons déjà rappelé, à incorporer des faits dans le corps d'explication, exactement de la même manière qu'on incorpore un nombre irrationnel dans un domaine de rationalité. Un irrationnel en soi n'a pas de sens. Quand on parle d'irrationnel, il ne peut s'agir que d'un irrationnel par rapport à des nombres dont on admet la rationalité. Les faits pris comme bases n'ont pas davantage besoin de support. C'est dans la construction qu'ils prendront leur véritable sens en raison de leur valeur de systématisation. Houssay dit très bien « que chaque fait n'a point de réalité, mais que leur ensemble en a »[2]. Il faut de toute évidence rendre la matière *entièrement* corrélative de son phénomène.

---

1. A. S. Eddington, *Espace, temps et gravitation*, *op. cit.*, partie théorique, p. 14.

2. F. Houssay, *Force et cause*, Paris, Flammarion, 1920, p. 56.

Nous n'avons pas besoin – dit encore A. S. Eddington – de considérer la matière comme une entité étrangère, cause de perturbations dans le champ de gravitation ; la perturbation, c'est la matière elle-même. De même, nous n'avons pas à regarder la lumière comme une intruse dans le champ électromagnétique, contraignant le vecteur électromagnétique à osciller sur son parcours, car ce sont ces oscillations mêmes qui constituent la lumière. Non plus | que la chaleur **232** n'est un fluide produisant l'agitation des molécules d'un corps ; l'agitation moléculaire, c'est la chaleur elle-même [1].

Ces dernières expressions se retrouveraient sous la plume de bien d'autres partisans d'un phénoménisme pur, mais le commentaire va moins loin que le texte. Ce qui est nouveau, c'est qu'un physicien ait pu proposer le phénoménisme au niveau même des qualités premières et qu'il ait tenté d'attaquer et de dissoudre les caractères matériels par des voies et moyens entièrement mathématiques.

En effet, si l'on essaie de saisir à son instant décisif la force de liaison philosophique de la construction relativiste, on voit qu'elle réside dans une espèce d'équilibre mathématique entre les caractères différents du phénomène. On a d'abord agglo-méré en un même tenseur les grandeurs d'ordre plus purement géométrique. On a formé ensuite un deuxième groupement tensoriel avec des qualités d'ordre mécanique ou électrique. Notre connaissance du réel est alors apparue comme contem-poraine de la réunion de ces deux tenseurs. Mais où les doctrines divergent, c'est sur la portée de l'équivalence des tenseurs formés dans des voies si diverses. Le Relativiste réaliste accepte que le tenseur géométrique soit un tenseur de référence, organisé pour la commodité de notre étude et il

---

1. Eddington, *Espace, temps et gravitation*, *op. cit.*, p. 233.

réserve pour le tenseur matériel des caractères empruntés à une
233 réalité. Ce | sera donc une équation aux termes *nettement distingués* qui donnera une espèce de mesure tensorielle des caractères du réel. Le Relativiste eddingtonien attaque cette thèse de deux côtés à la fois : il constate qu'on forme le tenseur d'ordre géométrique à partir de véritables expériences sur la règle et l'horloge et qu'on rend ainsi à ce tenseur des caractères matériels, – il constate ensuite que les tenseurs mécaniques ou électriques sont impliqués dans un système de schémas et d'axiomes et par conséquent, en quelque manière, géométrisés. Un pas de plus et l'on pose non pas l'égalité mais l'identité des tenseurs physiques fondamentaux et des tenseurs de la géométrie de l'espace riemannien. Voilà le phénoménisme équilibré.

Si l'illusion réaliste persiste, on en accusera l'ordre choisi pour la construction. C'est parce que « la correspondance de l'analyse mathématique avec les objets de l'expérience est établie ordinairement non pas en déterminant ce qu'est la matière, mais en se fondant sur les effets de certaines de ses combinaisons »[1] qu'on a été amené à donner une primauté aux combinaisons retenues. Mais à vrai dire, les deux résumés, géométriques ou matériels, sont issus de la même source, la même nécessité les commande. C'est encore une nécessité
234 unique qui doit les assembler. | On n'a pas affaire à une loi nouvelle qui découvrirait des qualités géométriques de la matière, non plus qu'à une méthode qui irait à la recherche d'une réalité lointaine. Il ne s'agit que de fixer une définition de la matière en fonction d'une expérience plus familière postulée comme élémentaire et par conséquent comme réfractaire à une

1. *Ibid.*, p. 234.

analyse. Ainsi que le dit très bien M. Becquerel « on ne peut pas prétendre que la Nature force l'Univers à se courber dans les régions où il y a de la matière, et force la matière à suivre les lois de la dynamique, car *c'est nous qui définissons la matière de façon que ces lois soient satisfaites...* Notre loi de conservation, ainsi que notre loi de gravitation ne sont, en somme, que des identités »[1].

Il s'agira finalement de se demander si nous avons bien placé notre examen dans la liberté axiomatique maxima. Peut-être la résistance de la substance du réel à l'assimilation géométrique provient-elle simplement de l'appareil géométrique trop rigide. C'est à une semblable conclusion qu'aboutissent les suggestions si captivantes de Th. Coppel, G. Fournier et D. K. Yovanovitch[2]. « À l'univers archimédien la Physique impose la notion extra-logique de substance, tandis que dans les cadres d'une géométrie non-archimédienne | la substance **235** elle-même est réduite aux notions logiques fondamentales d'espace et de temps ». Quel est en somme le caractère d'une géométrie non-archimédienne ? C'est de présenter des zones où la « mesure » ne peut pénétrer. Quelle est la conséquence des postulats quantiques ? C'est également de figurer des éléments sans géométrie interne, à l'intérieur desquels aucune expérience ne peut pénétrer. Le rapprochement va de soi. Ce qui limite l'expérience physique, c'est ce qui limite l'expérience géométrique. Mais cette limitation de l'expérience géométrique n'est pas proprement physique, elle doit être

---

1. J. Becquerel, *Le principe de la Relativité et la théorie de la gravitation*, *op. cit.*, p. 334.

2. Th. Coppel, G. Fournier, D. K. Yovanovitch, *Quelques suggestions concernant la Matière et le Rayonnement*, Paris, A. Blanchard, 1928, p. 23.

portée dans la zone conceptuelle, sur le terrain même de l'axiomatique.

V

De même qu'on ne peut pas prouver que la matière apporte dans l'espace-temps une réalité substantielle, on ne peut pas davantage concevoir qu'on ajoute du dehors des qualités à cette matière, par simple souci de corriger nos abstractions premières. Ces qualités ont le même droit d'être considérées comme essentielles que la matière elle-même. Il faut donc ramener systématiquement toutes les propriétés de la matière 236 dans le cadre général de la théorie complète, les | replacer à leur rang de caractères primordiaux, au même niveau que les caractères mécaniques ou géométriques. C'est ainsi qu'une matière chargée électriquement ne peut pas correctement être analysée par la division de ses caractères mécaniques et électriques. L'implication des propriétés est plus profonde puisqu'elle touche à l'*ordre mathématique*. C'est précisément en cela que consiste la cohérence – toute nouvelle – des définitions relativistes, la Relativité étant à certains égards un « corps de définitions ».

Dès lors, si l'on veut examiner le caractère électrique dans sa raison première, il faudra remonter à la combinaison des champs gravitationnels et électriques et poser le problème en termes d'équivalences et de correspondances tensorielles. On saisit nettement la formation du complexe électricité-matière quand on passe de la géométrie riemannienne réclamant dix coefficients potentiels, telle qu'elle est utilisée en gravitation, à la géométrie à quatorze coefficients potentiels employée pour le champ électrique. Mais ce serait une erreur de croire

que, mathématiquement parlant, les quatre nouveaux coefficients s'ajoutent purement et simplement aux dix coefficients
anciens, comme les porteurs de la qualité adjointe. La soudure
est complète, elle est étroite entre toutes par cela même qu'elle
se place sur le terrain de l'axiomatique. C'est en effet dans
l'axiomatique même que H. Weyl | a découvert la trace des **237**
potentiels électriques, en supprimant des restrictions implicites, en proposant la non-intégrabilité de la longueur exactement de la même manière qu'on avait proposé la non-intégrabilité de la direction pour expliquer la courbure de l'espace-
temps. Les deux suppositions, celle qui concerne l'électricité
comme celle qui concerne la matière, se révèlent donc aussi
essentielles l'une que l'autre. L'une achève l'autre. Elles procèdent toutes deux d'une même pensée et c'est à cette pensée
qu'il faut se référer pour comprendre le plan et le but de la
construction des propriétés matérielles et électriques.

Vu dans la lumière mathématique, un classement de
réalités sous-jacentes n'aurait d'ailleurs pas de sens puisque le
phénomène, qu'il soit d'ordre gravifique ou électrique, ne
transcende pas les relations des potentiels. Les quatorze potentiels sont ainsi associés dans le même phénoménisme. Comme
le dit A. S. Eddington, « c'est une hypothèse entièrement
gratuite de supposer qu'il existe quelque chose dans l'Univers
qui se conforme aux relations des quatorze potentiels et qui ne
soit pas identique à ces relations »[1].

---

1. A. S. Eddington, *Espace, temps et gravitation*, *op. cit.*, p. 234.

| VI

Mais le phénoménisme de A. S. Eddington est peut-être plus frappant encore dans la proposition qu'il fait de *définir le vide* par des voies mathématiques. Rien n'empêche de concevoir en effet que le vide ait des caractères tensoriels quand on a bien compris que la Relativité est une science de rapports sans supports et que nécessairement le vide doit être relatif à une détection déterminée.

Naturellement, ce n'est pas d'une expérience du vide qu'on peut partir et l'on ne peut prendre le vide comme une sorte de réalité négative, simple symbole d'une expérience manquée. Pas plus que la matière, il n'est une donnée. Pour qu'il prenne son rôle mathématique, il faut le placer à son juste rang dans la construction mathématique. Comme l'explique A. S. Eddington [1], le géomètre a commencé par former un tenseur en considérant des points-événements et des intervalles qui sont postulés comme indéfinissables. Ce tenseur, ce n'est qu'après coup qu'on en viendra à lui donner un sens. Pour cela, on l'expérimentera comme une espèce d'hypothèse physique. En effet l'attribution d'une signification « se fait
239 d'abord à titre | d'essai, puis elle passe au définitif quand on a trouvé qu'elle était compatible avec l'expérience », mais cette référence à l'expérience n'ajoute rien au concept, elle n'en est qu'une garantie externe ; toute la valeur du concept proposé comme concept du vide réside dans les relations antécédentes à l'expérience, elle est d'ordre mathématique. Voici précisément où le concept prend naissance : quand, au point de vue de la gravitation, nous ne percevons rien dans l'espace

1. *Ibid.*, p. 232.

tétradimensionnel des points-événements, nous nous rendons compte qu'on peut annuler le tenseur de Riemann contracté ; nous poserons donc qu'à défaut d'une autre interprétation l'égalité à zéro de ce dernier tenseur « signifie que là où elle est valable, il y a vide »[1]. L'équation ainsi construite n'est donc qu'une simple définition tensorielle du vide. Finalement, le vide apparaît bien à un instant particulier de la construction de la loi de gravitation. C'est une notion tardive qui possède en quelque sorte une réalité mathématique bien avant de recevoir, d'une manière plus ou moins conventionnelle, une réalité expérimentale.

Une fois de plus, et sur ce qui pourrait sembler de plus nettement immédiat, comme la matière ou le vide, de plus spécifiquement expérimental, comme l'électricité, nous voyons les fonctions | théoriques primer la fonction réaliste. **240** Et même, pour mieux dire, la fonction qui spécifie le réel, dès qu'on la considère à sa juste place dans le corps de la doctrine, se présente comme une fonction théorique. En effet, cette fonction réaliste vient à son heure, au centre, non au début de l'explication, quand la théorie a pris assez de cohérence pour donner à certaines notions la consistance du concret. C'est pour renforcer et résumer la permanence de ces notions qu'on propose une réalité. Mais toutes les fonctions de cette réalité sont déjà trouvées quand on en vient à affirmer sa présence avec son nom. Sa solidité est faite de la solidarité de ses propriétés, et cette solidarité est d'autant plus forte et évidente qu'elle est d'origine résolument mathématique. Nous comprenons le réel dans la mesure même où la *nécessité* l'organise. C'est pourquoi l'étude du lien des propriétés objectives

1. *Ibid.*, p. 233.

ressortit à la théorie des fonctions mathématiques. Quand on a bien vu, en général, que les mathématiques ont pour tâche directe l'étude de l'ordre, de la correspondance, de la fonctionnalité, et que la quantité n'y intervient qu'à travers ces cadres primitifs, on se rend compte que le donné – dès l'instant où il est ordre et forme – passe sous le joug de la nécessité mathématique. Le saisir, c'est le placer dans une perspective théorique ; un donné n'est jamais primitif. Demander quel est le premier donné, c'est une question aussi vaine que demander **241** | quel fut le premier homme. Un son ne commence pas avec la première vibration, car la première vibration n'a aucune qualité sonore. Quand un son commence, il a déjà duré. Quand un donné est reçu, il est déjà compris. Par cela même, le lien intrinsèque des propriétés d'une notion objective doit être recherché en remontant à ce qu'on pourrait appeler le passé théorique de la notion. Les garanties de réalité sont finalement d'ordre mathématique et le philosophe pourrait dire : « Donnez-moi des conditions mathématiques invariantes, et je vous ferai une réalité ».

Tout le long de la construction relativiste, nous avons vu ainsi se déposer des réalités tardivement définies, qui se présentaient comme l'achèvement d'une pensée. La direction de notre effort vers le réel est d'une netteté inflexible. C'est une conquête, non une trouvaille. Notre pensée va au réel, elle n'en part pas. À aucun moment nous n'avons trouvé une réalité qu'on connaîtrait par abstraction progressive ; toujours nous avons eu affaire à une réalité qu'on formait en amassant des relations. C'est cette agglomération sanctionnée par la fonction réaliste que nous devons maintenant considérer pour en dégager la portée philosophique.

LA CONQUÊTE DE L'OBJECTIF

Si nous essayons maintenant de recenser et de juger les garanties réalistes des doctrines de la Relativité, nous ne pouvons nous défendre de cette impression qu'elles sont bien tardives et qu'elles reposent sur des phénomènes peu nombreux et d'une finesse déconcertante. Les Réalisateurs se détournent de ces doctrines, car pour eux la réalité n'attend pas ; il faut la prendre immédiatement, dans son premier phénomène et il faut l'éprouver dans l'ordre de grandeur de l'expérience primitive. L'expérience est ainsi pressante et péremptoire.

Au contraire, les Relativistes prétendent faire un système de leur liberté spirituelle et organiser leur prudence : d'abord, ils ne prendront de l'expérience que des caractères entièrement assimilables par leur méthode de référence, avouant ainsi ne pas s'attacher à *toute* la réalité ; ensuite ils mettront tout leur soin à lier les phénomènes par raison suffisante, faisant prévaloir l'objectivation sur l'objectivité.

243 | C'est à tort en effet qu'on veut voir dans le réel la *raison* déterminante de l'objectivité alors qu'on ne peut jamais apporter que la *preuve* d'une objectivation correcte. « La présence du mot réel, dit très bien N. R. Campbell, est toujours le signe d'un danger de confusion de pensée »[1]. Si l'on veut rester dans la clarté, il faut en venir à poser le problème systématiquement en termes d'objectivation plutôt que d'objectivité. Déterminer un caractère objectif, ce n'est pas mettre la main sur un absolu, c'est prouver qu'on applique correctement une méthode. On objectera toujours que c'est parce que le caractère décelé appartient à l'objet qu'il est objectif, alors que l'on ne fournira jamais que la preuve de son objectivité par rapport à une méthode d'objectivation. La raison avancée est gratuite, la preuve, au contraire, est positive. Nous croyons donc qu'il vaut mieux ne pas parler d'une objectivation du réel, mais plutôt de l'objectivation d'une pensée, en quête du réel. La première expression ressortit à une métaphysique. La deuxième est plus susceptible de suivre l'effort scientifique d'une pensée. Précisément la Relativité, nous voulons maintenant y insister, nous paraît un des plus méthodiques efforts de la pensée vers l'objectivité.

Cette modification dans la direction du processus
244 d'objectivation revient à dire que le problème de | la vérité d'une doctrine n'est pas dérivé du problème de sa réalité, mais qu'au contraire le jugement de réalité doit être posé en fonction d'une organisation de pensée qui a déjà donné les preuves de sa

---

1. N. R. Campbell, *Théorie quantique des spectres. La Relativité, op. cit.*, p. 149.

valeur logique. Campbell a indiqué cet ordre philosophique dans des termes particulièrement clairs. En se plaçant au point de vue même du physicien, il se demande si la Relativité a pour but de découvrir la vraie nature du monde réel. C'est là une question, dit-il, à laquelle il faut répondre par des questions. Voici alors les questions primordiales :

> Est-ce que les physiciens (je ne dis rien des mathématiciens ou des philosophes) croient à la réalité d'une certaine chose pour une autre raison que le fait que cette chose résulte d'une conception d'une loi vraie ou d'une théorie vraie ? Avons-nous quelque raison d'affirmer que les molécules sont réelles, si ce n'est le fait que la théorie moléculaire est vraie – vraie dans le sens de prédire exactement et d'interpréter les prédictions en termes d'idées acceptables ? Quelle raison avons-nous jamais eue pour dire que le tonnerre et l'éclair ont lieu réellement au même temps, si ce n'est que la conception de la simultanéité, qui est telle que cette affirmation est vraie, rend possible la mesure des intervalles de temps ? Quand on aura répondu à ces questions, il sera | temps de discuter si la Rela- **245** tivité nous dit quelque chose sur le temps réel et sur l'espace réel[1].

C'est bien, comme on le voit, soulevé par un physicien, le problème philosophique des rapports du vrai et du réel. Nous proposons de le formuler de la manière suivante : comment le vrai peut-il préparer le réel, ou même, dans un certain sens, comment le vrai peut-il devenir le réel ? C'est en effet sous cette forme que ce problème nous semble le plus susceptible d'accueillir l'importante contribution apportée par la Relativité. De toute évidence, la doctrine relativiste apparaît

---

1. N. R. Campbell, « Theory and experiment in Relativity », *Nature*, 17 févr. 1921.

comme vraie avant d'apparaître comme réelle. Elle se réfère longtemps à elle-même pour être d'abord certaine d'elle-même. Elle est une manière de doute provisoire plus méthodique encore et surtout plus actif que le doute cartésien, car il prépare et fonde une véritable dialectique mathématique. On ne voit guère d'ailleurs ce que la preuve expérimentale pourrait faire contre ce doute essentiellement constructif, érigé en un système d'une telle cohérence mathématique. Une fois engagé dans la Relativité, on se rend compte qu'on doit placer, dans le cours de la construction, l'assertorique bien après l'apodictique. Il faut avant tout prendre conscience de la nécessité constructive et se faire une loi de rejeter, comme le dit Sir Lodge[1], tout ce qui ne semble | pas nécessaire. Plus encore que la nécessité, la construction du réel a besoin de la preuve de cette nécessité : ce n'est pas seulement à une nécessité qui viendrait d'une réalité que la construction du réel peut se confier, il faut que la pensée constructive reconnaisse sa propre nécessité. Par contre-coup, l'assurance de la construction par une référence à une réalité toute faite ne peut et ne doit être que surérogatoire.

246

D'ailleurs, on ne peut guère prétendre s'assurer également de deux côtés à la fois : du côté de la logique et du côté d'un réel immédiat. La preuve par le réel ne peut être qu'indirecte quand on part du domaine logique. Il faut toujours que l'expérience soit préparée pour être nette, stable ; il faut aussi qu'elle soit en quelque manière coordonnée à ce qui est déjà compris pour qu'on puisse trouver le moyen de la poser et même de l'exprimer, ne serait-ce qu'en tant que problème. Du logique à

1. Sir Lodge, « The geometrisation of Physics, and its supposed basis on the Michelson-Morley experiment », art. cit., p. 796.

l'expérimental, il y a donc une sorte d'hétérogénéité de la preuve. Cela est plus vrai de la Relativité que de toute autre doctrine. Or, il est indéniable que la Relativité s'engage de prime abord dans des voies logiques, c'est donc du côté logique qu'elle peut trouver le principe de son évidence. C'est ce qu'indique avec force E. Cunningham : « Einstein a la logique de son côté, car les définitions de l'éther et du | temps **247** sont des définitions *quid nominis*, non *quid rei* » [1].

Cet aspect nominaliste des bases de la Relativité paraîtra moins extraordinaire quand on aura saisi le caractère double de la géométrie traditionnelle. Cette dualité a été affirmée bien des fois, mais rarement avec autant de pertinence que dans l'article consacré à la Relativité par Miss Dorothy Wrinch et le Dr Harold Jeffreys [2] Comme l'expliquent ces auteurs, il y a une géométrie abstraite et une géométrie concrète dont les véritables objets sont en somme entièrement différents. Mais la similitude formelle de leurs propositions est si complète qu'elle masque totalement la disparité des deux sciences. Or cette disparité est essentielle puisqu'elle touche à la méthode. En effet, la géométrie abstraite est une construction qui est inspirée par une pensée axiomatique. Elle aboutit, comme l'épistémologie contemporaine l'a montré, à une certitude conditionnelle, mais tout de même parfaite en ce sens que les relations avec les hypothèses initiales sont explicites et réglées. Au contraire, la géométrie concrète, jusque dans ses théorèmes les plus simples, implique le principe de l'induction expérimentale. Transporter un triangle sur un autre pour

1. E. Cunningham, « Relativity. The growth of an idea », *Nature*, 17 février 1921, p. 785.
2. Jeffreys et Wrintch, « The relation between Geometry and Einstein's Theory of gravitation », *Nature*, 17 février 1921, p. 806.

248 vérifier leur égalité est une véritable expérience | de physique. Le fait que cette expérience est rapide et simple et qu'on en voit clairement les conditions d'approximation indéfinie ne peut nous donner le droit d'attribuer à cette opération une rigueur absolue et de conclure du général à l'universel. On ne peut, dans cette voie, conquérir la certitude logique. C'est ce qu'affirment nettement Miss Wrinch et le Dr Jeffreys : « Quel que soit le nombre de fois qu'une proposition ait été vérifiée pour des paires de triangles particuliers, il ne sera jamais possible de prouver que cette proposition est vraie pour une autre paire de triangles, sans supposer par la suite *quelque principe de généralisation empirique* qui n'est pas inclus parmi les postulats » [1]. Sans doute il y a un théorème de géométrie abstraite prêt à résumer une expérience de congruence de deux triangles empiriquement identiques, mais c'est à condition que cette géométrie abstraite ait d'abord inscrit la légitimité du transport des figures dans l'axiomatique de base. En somme de l'une à l'autre géométrie, il y a toute la différence qui sépare la vérification d'une loi de l'application d'une règle. Encore que le théorème de l'égalité des triangles s'énonce de la même façon en géométrie expérimentale et en géométrie axiomatique, la démonstration dans les deux cas ne donne pas le même **249** rôle aux éléments qu'elle combine : | d'un côté il s'agit d'une opération plus ou moins libre, d'une expérience plus ou moins réussie, de l'autre il s'agit de l'usage d'un « opérateur » au sens mathématique du terme. Affirmer l'identité d'un objet dans un déplacement, c'est généraliser une expérience. C'est donc une affirmation *a posteriori*. L'expérience seule peut nous assurer que l'espace n'a pas d'action spécifique. Cette indifférence à

---

1. *Ibid.*, p. 807.

ce que l'espace contient a un tout autre sens dans la géométrie abstraite. Là, tout est objet de définition préalable, non seulement le point, la droite, le plan, mais l'espace même[1]. Dès lors, cet espace ne saurait avoir d'autres fonctions que celles qui relèvent de sa définition préliminaire ; pas d'autres rapports avec les éléments géométriques que les rapports susceptibles d'être construits sur la base des définitions *a priori*. Il n'est nullement antérieur à ce qu'il contient.

Peut-on concevoir maintenant un moyen de passer de cet espace entièrement abstrait, posé par une définition préalable, à un espace physique capable de solidariser les phénomènes, de porter, d'un objet à l'autre, des effets, de maintenir des champs ? Qu'on réduise encore le problème autant qu'on le voudra, qu'on examine par exemple la relation d'un espace défini comme possibilité non différenciée et d'un espace qu'on | expérimente comme isotrope, on n'en sera pas moins devant **250** une difficulté philosophique insoluble puisqu'on devrait expliquer la coïncidence du logique et de l'expérimental. Cependant à poser le problème sous cette forme réduite, on gagnera peut-être la faculté de suivre la « réalisation » de l'espace et de prendre une espèce de mesure du trajet métaphysique qu'il faut parcourir pour aller du cadre formel à la matière informée.

Mais ce serait encore trop audacieux de se placer ainsi sur le terrain ontologique et de prétendre, en une induction illégitime, apporter d'un seul coup une réalité achevée. On ne peut espérer travailler utilement au problème philosophique du réel qu'en examinant le réel dans son rôle vis-à-vis de l'esprit, ou

---

1. Voir par exemple : A. H. D. Mac Leod, *Introduction à la géométrie non-euclidienne*, Paris, J. Hermann, 1922, p. 12.

bien, si ce programme est encore trop vaste et imprécis, dans une de ses fonctions épistémologiques.

Aussi, au point où nous en sommes, nous croyons que le plus avantageux et le plus prudent, c'est de postuler le concret en se guidant sur le principe de raison suffisante. De cette manière, on accepte sans doute le réel avec la passivité inéluctable, on l'accepte tel qu'il est, mais du moins on le critique *a priori* et l'on rejette *a priori ce qu'il ne peut pas être*. Nous avons vu la Relativité s'efforcer de codifier les raisons de telles exclusions ; de les dresser en un système fortement coordonné. Certes, on ne peut trouver | aucune garantie rationnelle nous assurant qu'on postule correctement le concret dans sa partie positive, puisqu'il n'y a de garantie rationnelle que sous le signe de la nécessité et qu'on déroge à la nécessité en acceptant l'expérimental. Mais cette dérogation est réduite au minimum parce qu'on rationalise au moins les conditions négatives du concret en utilisant le principe de raison suffisante.

La force inductive de la raison suffisante se trouve singulièrement augmentée quand on peut faire la preuve qu'elle coordonne une véritable construction. Elle correspond en définitive à cette construction vécue par le dedans. C'est précisément à cette géométrie vivante que L. Brunschvicg fait appel pour éviter les antinomies. Comment en effet la pensée, dans son essor réel, dans son acte marqué d'unité, pourrait-elle se briser et se contredire puisque la contradiction, c'est l'impossible ? On doit donc trouver une garantie d'objectivité dans la pensée géométrique elle-même, simplement en s'efforçant de prendre conscience des actes qui la constituent[1]. « La

---

1. L. Brunschvicg, *L'expérience humaine et la causalité physique*, *op. cit.*, p. 479.

philosophie du jugement échappe aux antinomies ou, plus exactement, les antinomies lui échappent, parce qu'au lieu de considérer l'espace géométrique comme un tout donné que l'analyse résoudrait en ses éléments, | elle se place à l'origine 252 de l'action qui engendre cet espace». On se tromperait, croyons-nous, si l'on voyait dans la thèse de L. Brunschvicg une simple traduction, sur un plan métaphysique, des théories génétiques traditionnelles de l'espace. La distinction qu'il propose est autrement profonde. Une géométrie génétique s'instruit en face d'un réel donné, c'est encore une géométrie *trouvée*. La géométrie brunschvicgienne se définira au contraire «comme l'activité constitutive d'un espace vrai». Elle sera une géométrie voulue, une organisation d'actes, elle aura la cohérence et l'*a priori* de l'action et c'est ainsi qu'elle sera vraie. Il faut faire le vrai pour comprendre le vrai. «L'action de l'homme dans la constitution de l'espace géométrique, dit encore L. Brunschvicg, est une action de vérité». Vue sous ce jour, la vérité géométrique ne résulte pas davantage d'une référence à une notion abstraite que d'une référence à un espace donné. Elle est contemporaine de la construction, elle l'anime. Elle concilie l'invention et la nécessité ou, pour mieux dire, elle est la nécessité de l'invention.

La construction géométrique peut ainsi recevoir un sens éminemment actif. Si l'on songe maintenant que l'armature de l'objectivation est essentiellement géométrique, ou autrement dit que la pensée géométrique sert d'axe à la pensée objectivante, il faudra conclure que cette objectivation n'est pas d'une nature statique mais bien | plutôt dynamique en ce sens qu'elle 253 aussi trouve sa garantie dans la force et la continuité d'un essor, dans une pensée en marche. La théorie de L. Brunschvicg nous fortifie dans notre hypothèse que la racine de l'objectivité, ce n'est pas l'objet. Prise au centre de sa force, dans son caractère spatial, cette objectivité ne commence pas par un contact avec l'objet, mais elle se confond d'abord avec le plan géométrique de notre action, avec un schéma moteur ou encore, en déformant légèrement une expression de M. Brunschvicg, avec un tracé-image. Plus que la conscience d'une généralité, l'objectivation est une méthode de généralisation consciente. Il serait bien insuffisant de constater la généralité, il faut lui trouver une raison dans le plan même de l'action. Effectivement, l'esprit pose le général dès qu'il n'aperçoit pas de raison suffisante pour corriger le programme suivant lequel il dépense son activité. C'est la netteté de l'activité géométrique qui décide de sa valeur pour l'objectivation ; autrement dit, les éléments géométriques sont parmi les plus objectifs car en les combinant la volonté est vraiment entière, nette et franche. Si le sentiment de la grâce est fait d'une volonté qui s'infléchit et qui, en contredisant ainsi à son essor, perd la conscience de son action et s'abandonne à la douceur de la passivité et de l'obéissance, le sentiment géométrique est la conscience d'une volonté qui

254 reconnaît ses arêtes, | ses angles, ses carrefours, bref ses libertés énumérées et ordonnées. L'expérience n'a plus pour rôle que de mesurer nos actes déployés, et les divergences qu'elle peut déceler ne sauraient entamer le cristal de nos gestes, pur et coordonné, livré *a priori* par notre volonté.

INDEX DES AUTEURS CITÉS

TABLE DES MATIÈRES

LIVRE II

LIVRE III

Imprimé en France par CPI Firmin Didot (123853)
en septembre 2014
Dépôt légal : septembre 2014